普通の公立小学校から見えたＡＩ時代の学び

学校を変えた最強のプログラミング教育

MATSUDA Takashi

松田孝

小金井市立前原小学校前校長／
合同会社 MAZDA Incredible Lab CEO

くもん出版

・本書に掲載している商品名、サービス名や会社名は商標または登録商標ですが、™や®は表記しておりません。
・本書で紹介している商品やサービスの使用方法や購入方法などにつきましては、各メーカーや販売店にお問い合わせください。また、これらの商品やサービスの使用によって損害が生じましても、著者及び出版社は責任を負いかねます。
・本書の内容に関するご質問については、弊社問い合わせフォームよりお送りください。電話などでは対応できかねます。問い合わせフォームのＵＲＬは奥付に記載しています。
・本書は二〇二〇年一月までの情報をもとにしています。

はじめに

プログラミングと出会ったのは、二〇一三年のことです。

私は二〇一〇年四月から三年間、東京都教育委員会の主任指導主事として狛江《こまえ》市教育委員会へ派遣され、理事職として教員の人事行政の運営に携わると同時に、市内学校の教育ＩＣＴ化の推進にも関わってきました。三年間の派遣期間を終えて、公立小学校の校長として学校現場に戻ったとき、狛江市時代に築いたネットワークを生かして情報端末を活用した授業実践を推進する取り組みを始めました。その年の夏に知人の紹介で民間のプログラミングイベントへ参加しましたが、このことがその後の校長としての学校経営に大きな影響を及ぼすことになりました。

はたしてプログラミングを学校の授業に導入したとき、そこで見た子どもたちの学ぶ姿は私にとって衝撃でした。

通常の授業では五分も集中力がもたずに椅子を前後に揺らし始める子どもが、九十分間集中してプログラミングに取り組んでいるのです（初めてのプログラミング授業の実施にあたっては、コンピュータの操作の仕方やプログラミングする活動時間の確保を考えて二単位時間＝四十五分×二をとって実施しました）。さらに友だちの面白いプログラムを紹介すれば、たちまち子どもたちが集まって「すごーい」と歓声をあげ、「俺もやってみよ」という意欲を素直に表しました。また、ある子どもが「ここどうするの？」と尋ねれば、「こうやったんだよ」と率直に応える学び合いが生まれていました。

まさに新学習指導要領が目指す「主体的・対話的で深い学び（アクティブラーニング）」が自然と成立していたのです。国のプログラミング教育必修化宣言から、まだ三年も前のことでした。

最初にその光景を目にしたときは、そこで起こっている事実の意味がわかりませんでした。しかしそのときから、プログラミングの授業で見せる子どもたちの学ぶ姿こそが二十一世紀を生きる彼らにとって最も必要な資質・能力であり、その力をしっかりと育むことこそ学校に課せられた使命であるとの思いが募っていったのです。

当然、こうした取り組みには反発もありました。

所属校の教員からはプログラミングの授業の実施に「意味がわからない」と公開協議会の場で叫ばれたり、その推進をやんわりとボイコットされたりもしました。学校の統廃合問題に絡み、地域住民に対しては新しい教育活動の目玉としてＩＣＴ教育の推進などを謳《うた》っていた教育委員会も、教員や地域からの反響（いや反発）に「バランスだよ」との一言で、学校の取り組みにブレーキをかけてきたこともしばしば。

それでもプログラミングをはじめ、ＩＣＴを活用した新しい学びに向かう授業実践に取り組み続けることができたのは、そこで見せる子どもたちの学ぶ姿と、その姿こそが二十一世紀を切りひらく必須の資質・能力であるとの手応え、そしてこのことの本質を一緒に明らかにしようと私の思いに共感・共鳴してくださった方々の支援があったからでした。そして何度も授業公開を積み重ねる中で、「ＩＣＴ活用は、教員が効果的・効率的に知識や技能を教えるためのものではなく、子どもたちが主体となって『学ぶ』ためのものである」という、今となっては当たり前のことが、当時は五里《ごり》霧中《むちゅう》の状況にあってやっとの思いで見出すことができたのでした。

しかし濃霧の中をさ迷い続けるには、それに耐える相当な精神的タフさが要求されます。

三年間を一つの区切りとして、私が教育公務員生活最後の任地となる東京都小金井《こがねい》市に異動したのは、当時の小金井市教育委員会山本修司《やまもとしゅうじ》教育長からの誘いがあったからでした。まさに「捨てる神あれば拾う神あり」です。「小金井市はプログラミングやICT教育の推進に大きな遅れをとっている。前任校での実践を市内学校に広めていってほしい」との言葉以上に、「金はないし出せないが、ブレーキはかけない」との言葉に嘘《うそ》がなかったことに救われました。

小金井市立前原《まえはら》小学校に着任した当初は、前任校同様に保護者、地域そして議員などからの批判があったことも耳にしていますし、実際に学校でもプログラミング、そしてICT教育に懐疑的な一部の保護者からは説明会の開催を要求されもしました。これらの批判を真正面に受け止めながらも同時に、総務省のいくつかの実証事業のモデル校となって、一人一台の情報端末の配備と情報通信ネットワークの整備を進めていきました。

ＩＣＴ環境の整備の進展が濃霧を晴らし状況を改善したかというと、事はそんな単純ではありません。むしろ最も大きな障壁が目の前に立ちふさがっていることに愕然《がくぜん》とすることになりました。その壁こそが戦後日本を復興、発展、繁栄へと導き、学校現場の授業を実質的に規定している教科教育研究が築き上げてきた各教科の指導方法だったのです。

戦後から連綿と受け継がれてきた指導法による従来の授業と令和《れいわ》の時代に前原小がプログラミングの授業でつくり出した授業とでは、子どもたちの学ぶ姿は全く異なります。戦後に工業化社会を生きるために必要な知識と技能を一律・一斉に授けた授業では、二十一世紀という新しい社会を生きる子どもたちに必須となる資質・能力を育むことはできません。自明です。なぜなら、子どもたちが生きる社会が全く違うのですから。一刻も早く、学校は確かな時代認識をもって戦後の成功体験の余韻を冷まし、その呪縛から自らを解き放たねばなりません。

そのためのトリガー（きっかけ）がプログラミング教育であり、その授業なのです。前原小がそうであったように、プログラミングの授業実践は、それを行う教員に子どもたちの新しい学びの事実を突きつけます。そしてその事実がこれまで教員一人一人が育んできた授業観の変革をうながし、ひいては教育そのものについて深い省察を迫ってくるのです。

本書は「プログラミング教育を通して、プログラミング的思考を育んだ」などという矮小《わいしょう》な実践記録ではありません。プログラミング教育を通して、新しい学びの創造に挑んだ校長の学校経営の記録です。同時に前原小がゼロからつくり上げ、今や異彩を放つプログラミングの授業体系&実践事例の書でもあります。そして何よりも前原小の教育実践における学びの本質を、借り物ではなく実際の授業で見せる子どもたちの姿（事実）から真摯に思索した教育哲学書でもあります。

是非とも初めから順にお読みください。

私の時代認識と問題意識、それが憤りになって大小の爆発を繰り返し、そして現在に至ったプロセスは、教育行政、そして学校現場という組織の中でもがき続けた私の不器用な生き様でもあります。本書に綴《つづ》られた各種エピソードの顚末《てんまつ》に皆さんの人生哲学を重ね合わせることで、今の学校教育のリストラクチャリングを考える、そしてご自身の授業観や教育観などのパラダイム転換に向かう刺激となれば本望です。

学校は子どもたちの未来に責任をもつ教育を展開する場

本書をお読みいただいている皆さんにとって、この命題が「真」であることを願っています。

二〇二〇年二月

松田　孝

目次

第2章 変わらない学校、変われない学校 41

第5章　ICTの活用で、教科の学習スタイルが激変

第6章　クラウドでクラスの関係づくりも激変

第７章　プログラミング教育は教員も変える……189

第1章

今の学校は子どもたちの未来に責任をもてない

これからの社会で求められる力は、教わったことをしっかりと覚え、テストで再現できる力ではありません。変化することが当たり前の社会では、「やり抜く力（グリット力）」や「自己調整力」といった力が重要です。プログラミングの授業では、子どもたちは失敗を恐れることなく課題に挑戦し、これらの力を自ら育んでいきます。

子どもたちにとっての未来はSociety 5.0

子どもたちの未来とは、彼らが生きる社会とは、どのような社会なのでしょう。

それを端的に伝える映像が政府インターネットテレビにアップされました（現在は掲載終了）。それが政府広報、ソサエティ5.0「すぐそこの未来」篇です。

この映像では、主人公の女子高生が朝起きてから学校へ登校するまでの日常に様々なＩｏＴ（注1）製品やＡＩ（人工知能）技術が溶け込んでいる様子が紹介されていました。ドローン宅配やＡＩ家電、遠隔診療、無人トラクター、会計クラウド、そして無人走行バス等々。短編映像の最後には、主人公の女子高生が「未来が楽しみでしょ」と視聴者である私たちに問いかけ、Coming Soon…の字幕が映し出されます。

そう、ここに紹介された社会は遠い先のＳＦの話ではなく、「いつもの毎日の先にやってくる半歩先の未来」の姿なのです。ＩｏＴの進展やＡＩ技術によって、新しい価値やサービスが次々と創出され、子どもたちの生きる社会（暮らしや働き方）が大き

内閣府のSociety 5.0のウェブサイト。政府は我が国の目指すべき未来の姿として、Society 5.0を提唱している。

く変わっていくことを啓発しています。日本政府はこのような社会を「我が国が目指すべき未来社会の姿」とし、第5期科学技術基本計画でSociety 5.0と提唱したのです。

この映像は、話題となったアニメ映画が二〇一八年に地上波で初放送されたときのCMとして制作されました。キャスティングやその設定、そして何よりこのような映像を制作しCMとして放送したのが内閣府であったことに、大きな反響が起こりました。

Society 5.0は、狩猟社会（Society 1.0）、農耕社会(Society 2.0)、工業社会(Society 3.0)、情報社会(Society 4.0)といった人類がこれまで歩んできた社会に続く、そしてすでに私たちがその入り口に入り込んだ新しい社会のことです。このSociety 5.0という概念が提唱される以前は、第四次産業革命という言葉で社会の変革を表現することがありました。

しかしコンピュータによる様々な技術革新は、現実空間の生産性を向上させるだけではありません。それはＩｏＴ社会をつくり出し、ＡＩ技術が日常に溶け込み、仮想空間と現実空間が渾然一体《こんぜんいったい》となって社会そのものを大きく変えていきます。コンピュータがつくり出す情報技術によって、社会の豊かさと今の社会が抱える様々な課題解決の両立を目指すのだ、という決意も込めて、日本政府は第四次産業革命という語に代えて、Society 5.0という言葉で未来社会を描こうとしたのです。

私は小金井《こがねい》市立前原《まえはら》小学校の校長在任中にこの映像の存在を知って、月に一度体育館で行う全校朝会で子どもたちに見せました。校長室からノートパソコンを体育館へもっていき、そこでプロジェクターを介して舞台上のスクリーンいっぱいに映し出したのです。

さぞかし新しい社会、そして自分たちが生きていく社会のすごさに興奮するだろうと思いきや、子どもたちの反応は私が期待していたものとは違っていました。思ったほどに興奮しないのです。いささか拍子抜けしながら、その理由を探ってみました。

AIスピーカーに「OK、グーグル」がクラスで当たり前

この映像は大人である私たちには、日常の変化やその変貌ぶりに驚きと違和感を抱かせるものであるけれど、もしかすると子どもたちにとっては、そこに映し出され、描かれている日常（社会）や技術はすでに当たり前なのかもしれません。

例えば、冒頭ドローン宅配が映し出されますが、子どもたちにとってドローンはすでに身近な存在です。前原小にはプログラミングの授業で使用する十五台のトイドローン（小型のドローン）があります。

AIスピーカーは、前原小では各学級に一台ずつグーグルスピーカーが置いてあります。

どのように活用するかと言うと、例えば二年生の国語の説明文「どうぶつ園のじゅ

前原小のグーグルスピーカー（右）。隣はシャープ製のロボホン。

うい」の学習で、グーグルスピーカーは活躍しました。「ＯＫ、グーグル。ニホンザルの鳴き声教えて！」とお願いすれば、ニホンザルの鳴き声を聞かせてくれます。六年生の教室では朝の会の雰囲気を和やかなものにするためにグーグルスピーカーからＢＧＭを流していましたし、四年生に中国からの転入生があったときには、日本語がままならない本人や家族とのコミュニケーションのために同時通訳もしてくれたのです。

遠隔診療は、それと同じシステムでビデオ通話を体験していたり、オンライン英会話を受講していたりする子どももいます。無人トラクターは、ドラマにもなって多くの子どもたちは知っていますし、会計クラウドにいたっては、東京に住んでいるため交通系の電子マネー（Suicaなど）は、子どもたちに最も身近で必要不可欠な技術の一つとなっています。さすがに無人走行のバスはまだ実用化されていませんが、全国で実証実験が行われています。新しい自動車には多くのセンサーやレーダーが取りつけられ、安全の確保をめぐって新しい技術が大きく役立っていることを知っています。

子どもたちにとっては、映像に描かれている日常やそれを実現する技術はComing Soonではなく、すでに今の日常であり、今の技術であると感じて、もしかしたら当たり前として映像を視聴していたのかもしれません。

このように、子どもたちはＩｏＴど真ん中、ＡＩ共生社会を生きていきます。そしてこのような社会を形づくるのは、コンピュータに他なりません。子どもたちはコンピュータによってもたらされるデジタル情報を適切に選択・活用して、経済発展と社会的課題の解決を両立する社会（Society 5.0）の形成者となっていくのです。

ですから、コンピュータ技術がつくり出す社会の仕組みとその利活用による社会のあり様や変容に向き合わずに、新しい教育について語ることはできません。コンピュータの仕組みや利活用全般に関わるコンピュータサイエンスとその核となるコンピュータテクノロジーは、子どもたちにとって極めて重要な学びの領域となるのです。

これからは「やり抜く力」と「自己調整力」が重要

では、Society 5.0を主体的に生きるための資質・能力は、どのようなものなのでしょうか。

子どもたちが生きる社会の変化は止まることなく、むしろ変化することが当たり前です。コンピュータが従来は想定もしなかった社会をつくり出しているのです。そのため、社会そのものが変わって、これまで重視されていた資質・能力とは別の力が求められるようになってきました。そしてそのような力を従来と同様の教育方法（授業）

で育むことは不可能だ、と考えるのは必然だと思います。

ここで一つ明らかなのは、その資質・能力が、各教科の内容（コンテンツ）を教員から教わって、それをテストで再現できる力ではない、ということです。なぜなら教員から教わったことを一所懸命に理解し習得しても、時がたてばすぐに陳腐化してしまうからです。習得した内容を後生大事に、そして理解できたことを誇っても誰もそのような力は必要としません。

これからはむしろ内容の理解と習得に関わりながら、その過程で「集中する力」や失敗してもあきらめない「やり抜く力（グリット力）」や、友だちと「協働する力」などを鍛えていくことが重要となってくるのです。またあわせて、自分の学習を振り返り（メタ認知して）、「学習を調整しようとする力（自己調整力）」なども大事な力の一つです（注2）。

これらの資質・能力は、ひっくるめて「コンピテンシー」と呼ばれています。

ＯＥＣＤ（経済協力開発機構）をはじめとして、世界各国が新しい時代に必要な資質・能力をコンピテンシー、つまり知識だけではなく、スキルや態度を含んだ人間の全体

コンピテンシー
（これからの時代に必要な資質・能力）

- **集中力**
- **やり抜く力**
- **学習を振り返る力**
- **協働する力**

など

的な力として様々に提唱しています。従来のような能力観（知識や読み書きの能力）だけでは、変化に加え、より一層複雑化し相互依存を深める国際社会で主体的に生きてはいけないからです。

日本でも文科省が主体的に学習に取り組む態度の育成を重視し、コンピテンシーを育むことの重要さを明確に打ち出してきました。これがいわゆる「コンピテンシーベース」の学びです。

わからない問題を聞くときの恥ずかしさがなくなった

教科の内容の理解と習得を柱に進められてきた学習を一気に変革することは大変なことですが、今、新学習指導要領の全面実施を間近に控え、コンテンツベースからコンピテンシーベースの学びへと向かうあり方が様々に模索されています。

しかしいくら机上で論を交わしていても、その具現化は難しいと思います。自転車の乗り方を練習するのと同じで、実際に乗ってみなければそれを理解、体得することはできません。

そう、新しい学びを実現するには、教員と子どもたちが新しい学びを体験し、その感覚を身につけることが必要なのです。頭でっかちだけではダメ。身体でその感覚をつかまなければなりません。左右に傾いて、転んだ痛さが必死にバランス感覚を身につけさせます。最初は補助に入ってもらって、次第に手を離してもらい自走できるようになっていくのです。

しかし既存教科の学習では、この感覚を実感することは困難です。なぜなら、戦後、高度経済成長をもたらした工業化社会で生きていくために、学習内容の効果的・効率的な習得が良しとされ、失敗することは恥ずかしいことだったからです。その指導観と学習観が教員にも子どもたちにも、そして保護者にも根強く残っています。

でもプログラミングの授業は違います。子どもたちは、失敗を重ねながら粘り強く取り組んでうまくいったときの喜びが格別な感覚をもたらすことを知っているのです。そしてこの体感こそが、学習を「主体的・対話的で深い学び（アクティブラーニング）」へと変えていきます。

前原小の教員も、最初はこの感覚がわからなかったはずです。でも、プログラミングの授業を繰り返すうちに、次第に身体で理解していきました。ある教員は、こんな気づきがあったそうです（一部表記を改めました）。

「プログラミング学習において、個別に考える時間と友だちと協力して取り組む時間が大切である。主要教科だと、恥ずかしくてわからない問題を聞けない子どもたちが、プログラミングの時間だと、自発的に友だちと協力するようになる。これは、どうしても問題解決したい（絶対にドローンを飛ばしたい、絶対にライトを点灯させたいなど）という強い気持ちがあるからだ。他の教科では、この強い気持ちはなかなか生まれないと感じる。プログラミング学習において、友だちに聞いたり、協力し合ったりすることによって、他の教科の時間でも、自ら聞いたり協力し合ったりすることが確実に増えた」

このメッセージを送ってくれた教員は、決してプログラミングが得意ではありません。長期の休業を終え、六年ぶりに学校現場に復帰してプログラミングの授業に挑んだ教員です。

でも、子どもたちと一緒にプログラミングの授業に取り組むうちに、次第にそれが素敵な学びの場であり、コンピテンシーベースの学びとなっていることに気づいていったのです。

教員の説明は最小限にし、そのあとは「やってごらん」

初任者が行ったプログラミングの授業の一コマをご紹介したいと思います。

次のページの写真を見てください。教室の真ん中に模造紙を広げて、何をやっているのでしょう？　二人一組でロボットを動かすプログラミングで、ゲームをしているのです。前進、後進、右に曲がる、左に曲がるなどのプログラムを組み合わせてロボットを動かし、「得点エリアを通過したらポイントがゲットできる」というゲーム（課題）に子どもたちがワイワイ言いながら取り組んでいるのです。

この前の時間までにカード型のビジュアルなプログラミング言語を使ってロボットを動かすことを学んできた子どもたちに、教員が模造紙を広げ「ゲームをしよう！」と呼びかけたのです。授業の初めの五分間でルールを説明したら、「さあ、やってごらん」で指示はおしまい。後は写真のような場がひらけていきました。

子どもたちはプログラムを工夫してロボットを動かしますが、得点をたくさんゲッ

プログラミングの授業の1コマ。一見、ただ遊んでいるように見えるが、これがコンピテンシーを育む新しい学びの姿。

トできるプログラムをつくることがこの授業の一番のねらいではありません。

しかし工業化社会に適合するための指導方法の洗礼を受けてきた真面目な教員ほど、段階を追って一番効率的なプログラムを教えにかかります。教員が子どもたちの思考をコントロールしながら、しかも一律・一斉に。

例えば、まずはどのようなコース取りをすることが効率的に得点をゲットできるかを考えさせます。次に、そのコースをロボットが動くことのできるプログラムを子どもたちに考えさせます。「『まずはまっすぐ○秒進んで、そこで右に○秒曲がって』というプログラムはできましたか?」というように一つ一つプログラムを確認していきます。全部のプログラムの確認が終われば、実際にそれを実行してみてプログラムの正しさを子どもたちに納得させるのです。

でも、前原小のプログラミングの授業は違います。「やってごらん」です。

このような展開は一見乱暴に見えるかもしれません。しかし、このような状況に身をおくことは、子どもたちが生きる未来(Society 5.0)の疑似体験でもあります。なぜならSociety 5.0の社会はものすごい速さで社会のあり様が変化しますし、変化することが常態化しているからです。

このような社会では、絶対的な正解などわかりようがありません。だから、一歩踏み出してみるのです。この授業でもロボットを動かす基本的なプログラミングの仕方は知っているのですから、何はともあれやってみればいいのです。

Society 5.0の社会では、従来は良しとされてきた「言われたことを素直に理解し、そして真面目に実行する」ことはコンピュータが代替えしてくれます。人間は条件や問題定義できない、まさにゴチャゴチャした状況を楽しみ、そこにある意味を理解したり、新たな価値を発見・創造したりすることに存在意義を見出していくのです。そのための動機・エネルギーとなるのがコンピテンシーです。どのような状況でも混乱・困惑することなく、友だちと協働しながら一歩を踏み出す勇気や意欲をもって、状況を打開していくことが求められています。

お互いの考えを尊重し、何度も失敗を繰り返して合意形成

ある子どもは、スタート地点から直進して一つの得点エリアを通過したらすぐに後進して再度得点エリアをバックで通過して、そしてまた前進する動きをずっと繰り返すプログラムをつくりました。ずるくなんかありません。発想がユニークです！

一律・一斉に効率的なコースを辿《たど》るプログラムを教えようとしては、そこから逸脱するようなアイディアを子どもたちは絶対に出しません。アイディアは、混沌《こんとん》とした状況の中であっても多様性が尊重されることを体感しているからこそ出てくるのです。

しばらくすると、コース取りがうまくいかずに二人で何度もプログラムを修正する光景があちらこちらで見られるようになります。何度も何度も失敗を繰り返していま す。でも、失敗してもお互いを責めたりはしません。

「じゃ今度は、これやってみよう」

「うん」

素晴らしい合意形成です。

これまで合意形成に際しては、多くの場面で多数決という方法が採用されてきました。なぜなら大勢の人が良いと思う考えを選択することは概ね妥当であって、失敗のリスクが少ないからです。工業化社会においては、合意形成に際してその選択・判断が間違っていれば大きな代償を払いました。だからどうしても失敗のリスクを軽減することを考えがちでした。

しかしSociety 5.0の社会は違います。コンピュータシミュレーションで何度も試《し》行錯誤《こうさくご》できるのです。ですから二人の意見が違っても、それぞれの失敗のリスクの高低を考える必要はないのです。意見が食い違っても、遠慮なくそれぞれを実際に試してみればいいのです。これこそがSociety 5.0の社会における合意形成であって、ここでは譲ったり、考えを融和したりして折り合いをつける必要もありません。それぞれやってみれば、結果がわかるのです。

このことの体験は非常に大きな意味があります。唯一解を求めていた従来の教科学習ではなかなか体験し難い「トライ&エラーを繰り返すことにより、ダメでもまたやり直せることを体感し、あきらめずに挑戦する力」、つまりは「やり抜く力」を育むことができるからです。

失敗の回数も記録させ「振り返る力」を養う

さて、こんな子どもたちの活動を見守っていれば、楽しい時間はあっという間に過ぎ去ってしまいます。この時間がかつて「這《は》い回る経験主義」「活動あって学びなし」と批判された活動と一緒にされないためにも、振り返りの活動は必須です。振り返り

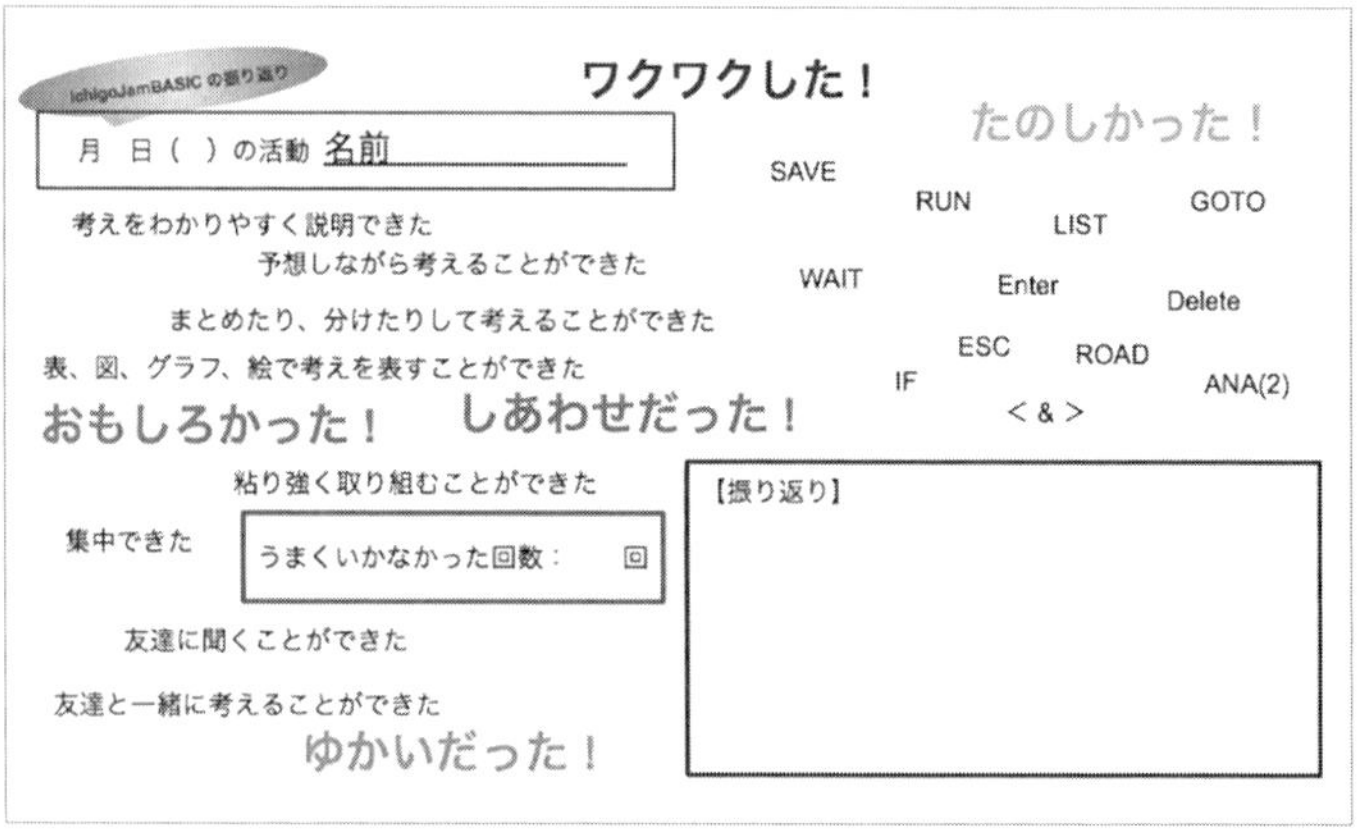

振り返りワークシート。従来の授業で「うまくいかなかった回数」を書かせることなどあっただろうか……。

によって、活動にある価値に子どもたち自身で気づかせ、自己調整力を育む場をつくっていきます。

前原小では上のようなシートをつくって振り返りを行ってきました。シートの右上の方にはプログラミングの知識や技能の習得に関わる用語を、左上の方には思考や表現などに関わる用語を、そして左下の方にコンピテンシーに関わる用語を掲載して、子どもたちが活動の後に、自分が体験し、理解したと思う項目に丸をつけるようにしたのです。

特筆すべきは「うまくいかなかった回数」を記入させているところです。従来の授業では学習内容の理解と定着を重視するあまり、うまくいかなかった回数を記録させる発想なんか生まれてはきません。これができるのがプログラミングの授業であり、だからこそプログラミングの授業が新しい学びのトリガー（きっかけ）であるゆえんなのです。

従来の教科は、もはや必須の教養ではない

今、学校で子どもたちが学ぶ教科の大元を辿っていけば、その起源は古代ギリシャ・ローマのリベラルアーツ（注3）に遡ることができます。その時代にリベラルアーツを学び教養を身につけることは、自身が都市国家に生きる自由人であることの証でした。

しかし長い長い時を経て、Society 5.0の時代を生きる私たちが、コンピュータのない時代につくられた教科の内容を昭和（戦後）の指導方法でもって学び後生大事に

することは、自由になるどころか不自由な立場に自分自身の身を陥れることになるのです。コンピュータリテラシー（注4）とインテリジェンス（注5）を自分自身でしっかりと育んでいかなければ、超情報化社会において社会を主体的に生きる自由人とはなり得ないことは、誰が考えたって明らかです。IoTど真ん中、AI共生時代を生きるための学びこそが、現代のリベラルアーツです。

実際、二〇一九年六月に政府の統合イノベーション戦略推進会議で決定された「AI戦略2019」では、「数理・データサイエンス・AI」に関する基礎的リテラシーが、現代のいわゆる「読み・書き・そろばん」的な素養だと明記されているほどなのです。

そして世の中の動きにあわせて、学校もその使命を改めて問い直し、大きく変わろうとしています。今が変わるチャンスですし、今こそ変わらなければなりません。教育活動の内容も、制度も。

でも現実の学校は変わりたくても、変われないのです（涙）。学校は子どもたちの未来に責任をもつ教育を展開する場、なのに……。

（注1）Internet of Things の略。コンピュータ以外のモノも通信機器でつながれて、情報のやり取りをすること。
（注2）メタ認知とは、自分自身の行動や感情などを客観的にとらえること。
（注3）「人を自由にするための学問」「人間として必要な教養」などと言われる。
（注4）コンピュータを操作し、必要な情報などを得られる能力。
（注5）ここでは、情報を取捨選択して理解するといった力。

第2章

変わらない学校、変われない学校

学校の授業と言えば、教員が黒板を使い、子どもはノートと教科書を出して静かに聞く……こんな昔から変わらないアナログな授業が、今も日本中で見られます。世の中の情報化が進む中、なぜ学校だけ変わらないのでしょう。それには「戦後からの教科教育研究」「学校の利害関係者」「教員の多忙化」が大きく関わっているのです。

最近まで学校ではフロッピーディスクが現役

毎朝八時前後の時間帯、私の自宅前の遊歩道は通学路に指定されているため、色とりどりのランドセルを背負った小学生で賑《にぎ》やかになります。今では見慣れた光景ですが、昔はジェンダーごとにそれぞれ黒と赤のランドセルを背負うことが当たり前でした。しかしこのカラフルさを目《ま》の当たりにすれば、人権に関わる人々の意識や社会のあり様が確実に変化していることを感じます。

子どもたちは学校に着いて、自分の教室へ入り、ランドセルから教科書やノートを取り出して机にしまいます。定められた時間割に従って午前と午後に教科等の学習を行い、昼には給食を食べます。学校では掃除もして、午後三時すぎに下校していきます。戦後日本が復興、発展そして繁栄と歩むことのできた、その基盤となった日本の教育制度が描く日常であり、お決まりの行動パターンでもあります。

しかし午前八時から午後三時頃までの約七時間あまり、はたして子どもたちはどこ

登校する小学生。ランドセルが色とりどりになったこと以外、昔からほとんど変わっていない。

にいるのでしょう。もちろん子どもたちがランドセルを背負って毎日通うのは学校です。物理的環境としては確かに学校。法的な位置づけも確かに学校。でもその内実は、学校という「昔」です。

　そう、子どもたちはランドセルを背負って、毎日過去にタイムスリップしているのです。このように言われれば、多くの方が「えっ」と思われるでしょう。

　でも、子どもたちが毎日通っている学校の内実を、新しい視点、具体的にはこれまでにはなかったコンピュータ（デジタル）という視点でもってよく観察してみてください。そして、そこに学校の使命「学校は子どもたちの未来に責任をもつ教育を展開する場」をもう一度思い出し、重ね合わせてみてください。そうすれば、今の学校が昔のままであることに愕然《がくぜん》とさされるのではないでしょうか。

戦後日本がこれまで歩んできた道のりの中で、学校は私たちにとって最先端の場でした。特に学校にある備品類は、一般家庭にはないものがたくさんありました。テレビやラジカセ、電子オルガン、体育館にはグランドピアノがあり、理科室の顕微鏡や特別教室などに設置された視聴覚機器はまさにその象徴でした。私が小学生時代を過ごした昭和四十年代、日本が高度経済成長期真っただ中の時代、学校は少なくとも私にとっては最先端の場でした。

しかし今、子どもたちが一日の生活の大半を過ごす学校において、彼らが学んだり、給食を食べたりする教室のどこに「今」があり、「未来」があるのでしょうか。

かつて最先端だったものが、今もそのまま現役で使用されている事実に出会えば、ただただ苦笑するしかありません。教室という空間の前方には近代教育の象徴である黒板と教卓、学級定数基準によって用意される三十から四十近いスクールセット（児童用の机と椅子)、教室後方にはランドセルをしまうロッカーが設置されています。

東京都では、助成金のおかげで現在は一〇〇%近く普通教室に取りつけられているエアコンと大型のテレビモニターが、学校がかろうじて「現在」であることの証左となっているのかもしれません。

教育研究会などで他学校へ出向いたときに、ごくごく稀《まれ》ではありますが、ブラウン管のテレビが設置されているのを発見し、新鮮な驚きを体験することがあります。照明は蛍光灯だし、子ども用トイレには温水洗浄便座なんかありません。管理職の仕事では、つい最近までフロッピーディスクは現役でした。知っていますか? フロッピーディスク!

何度でも繰り返します。Society 5.0 の象徴の技術は、ＩｏＴとＡＩです。その時代を主体的に生きる資質・能力を育むための学校施設・設備にコンピュータもなく通信システムも整備されていなければ、子どもたちにコンピュータリテラシーとインテリジェンスを育む教育なんかできるはずはありません。

学校が変わらない、変われない最も根本的な原因は、その施設・設備です。現状の学校施設・設備で新しい教育を進めろ、と言われてもそれは無理です。できません。ＩＣＴ活用の研修会の講師として学校に出向けば、まずは研修会場のＩＣＴ環境を構築することに大変な労力を要します。学校施設・設備の整備は、ひとえに設置者（自治体など）の責任です。

教育委員会のＩＣＴ教育の環境整備にかかる責任者と担当者の意欲によって、学校の状況が好転している事例もたくさんあります。使える情報端末とつながる通信環境の整備を一刻も早く整備しなければなりません。

なぜか学校はいつも懐かしい

全国に三万校以上あるほとんどの小中学校は、戦後（昭和二十五年頃）の教育の量的拡大に対応するためにつくられた「鉄筋コンクリート造校舎の標準設計」がもととなって、ほぼ一教室の大きさは奥行き七ｍ×間口九ｍ、片廊下形式になっています。こん

昔と変わらないスタイルの授業が、今も全国で再生産されている。

な施設で日本の子どもたちの多くは教育を受け、教員は授業をしているのです。

一方、学校施設を紹介する雑誌を見ると、最新のかっこいい施設が掲載されています。見ていると、学校施設の環境が子どもたちの成長に絶大な影響を及ぼすように感じます。では、このような最新の施設の学校で新しい時代にふさわしい学びが実現されているのかと言えば……
答えは「Ｎｏ」です。

実は、ＩＣＴ教育が進まないのは、学校の施設・設備の問題だけが原因ではないのです。

ここに一枚の写真があります。これは

教育実習生の授業風景です。子どもたちは背筋を伸ばし、教科書をもってまさに音読を始めようとしています。子どもたちの集中の具合を見れば、これは良い授業であり、めあてに向かって教員の指示が的確になされていると実習生の授業参観に来た大学の指導教官も称賛していました。

子どもたちはチャイムが鳴れば自席に着席し、教科書を出します。そして指示に従って学習を進め、教えられた内容をしっかりと覚えていくのです。多くの人にとって、この写真のような風景は当たり前であり、違和感を覚えることはありません。

保護者や一般の方が授業参観にいらして、このような風景にノスタルジーを感じて発する定番の言葉があります。

「なつかしー」

「昔と全然変わってないね」

これらの言葉が悪意なく自然と出てくること自体がおかしい、と思わないことが全くもっておかしいのです。

世の中がこれほどまでに変化し、変化することが常態化している時代にあって、参観された方々の小学生時代とほぼ何も変わらない授業風景が、そこに事実として展開されていることがおかしいのです。

まさにこの写真は、子どもたちを工業化社会に適合させるための従来の授業そのものです。教科の内容と技能の習得が教育目標として掲げられ、そのために行われる学習は各教科が独立しています。そして各教科の学習では、子どもたちに知識を伝えて記憶させ、定着を確認するために、テストで唯一の解答を求め評価を行います。要するに、従来型教育では工業化社会に適応できる人材を育てていったのです。

しかし、先に示した写真のような授業風景にあって、子どもたちはどうやって「やり抜く力（グリット力）」や「自己調整力」を育んでいくのでしょう。このことを真剣に考えていかなければなりません。Society 5.0 を生きる学びが求められているのに、工業化社会に適合する授業が再生産されている限り、学校が変われるはずはありません。いつまでもこんな授業を行っていては、この先日本は立ち行かなくなります。

ではなぜ、このような事態になってしまったのでしょうか。

戦後から続く教科教育の研究がすごすぎ

ICT環境が整備されても、教員は使わない

教員は情報機器が使えません。苦手です。だから、学校の授業で情報機器の活用が進まない――。

このように学校現場で情報機器が利活用されないのは、教員がその操作に不慣れだからだと言われることがよくあります。確かにチョークで学習内容を黒板に書き出し、それを解説して授業を進めてきたことを思い出せば、その授業と情報機器を活用した授業との間には大きな溝があることを感じます。

しかし、この説明は誤りです。

教員は情報機器が使えないのではありません。苦手だから使わないのでもありません。現行の学習内容を授業するにあたって、情報機器を活用した授業を進めることは逆に不便で仕方ないからです。映像を大画面に映すなど、子どもたちの内容理解をう

ながすために多少のメリットを感じたとしても、現状の全く不十分なＩＣＴ環境の中で情報端末やモニターを準備し、それらをつなげるなどの作業の煩雑さを考えれば誰も使いません。そんな手間をかけるなら、これまでに慣れてきた手法で学習内容を丁寧に解説した方が授業もやりやすいのです。

でも、でも、です。

子どもたちに一人一台の情報端末と通信環境は、Society 5.0を主体的に生きるための資質・能力を育む学習インフラです。電気・ガス・水道といった生活基盤が整ったとき、私たちの生活のあり様は激変しました。それと同じでＩＣＴ環境が学習インフラとなったとき、学びのあり方は激変するのです。

では、はたしてＩＣＴ環境が学習インフラとなれば、教員は情報機器を使った授業を積極的に進めるでしょうか？

これも答えは、もちろん「否」です。なぜ？

それは、情報機器を使う必要がないからです。教育委員会での勤務を終えて学校現場へ戻ったとき、着任した学校は当時にしては、ほぼ十分なＩＣＴ環境が整っていました。にもかかわらず、教員はそれらを使っていませんでした。スマホを使いこなしている若手教員の授業を参観したときに、教室の前方に置かれた大型モニターが背面を見せていたのは驚きでした。

使えるはずの教員が使わないのには、理由があるはずです。最初はその理由が皆目見当がつきませんでした。でもようやく、授業を進めるにあたって情報機器を使う必要がないから使わないのだ、ということがわかりました。

多くの方にとって、意味のわからない説明となっていることは百も承知です。ICT環境が不備だから教員はそれを使わない、という理屈はわかります。しかしICT環境が学習インフラとなっても使わない、使う必要がない、というのはどういうことでしょう。

それは、戦後から脈々と続く各教科の授業研究に関係します。この研究によって生み出され、磨き上げられた授業のやり方が、学校現場の授業を実質的に縛っているのです。

従来の教科指導法を教員に再生産させる仕組み

戦後、日本が復興、発展、繁栄へと歩んだ時代、それを支えたのは紛れもなく教育であり、学校での授業でした。新しい国づくりに向かって、学校で教員が子どもたちに必要な知識と技能を授け、その理解と習得の結果、経済発展をうながし生活水準の向上をもたらしました。その成果は、OECD（経済協力開発機構）のPISA（学力到達度調査）でも世界に誇れる結果を残すこととなりました。戦後に各教科の教育研究が築き上げた指導法は、多くの子どもたちを集団として必要な知識と技能を理解・習得させることに見事に成功したのです。当然、その教育環境はアナログ（紙と鉛筆）です。

教員になるために、大学生はこのアナログ環境を前提にした各教科の指導法を学びます。大学で教科教育法の単位を取得しなければ、教員免許は取得できません。その教科教育の指導法をベースに、そして自分自身が受けてきた授業を思い出しながら、学校の教員になればそれを再生産します。心ある教員は各教科の内容を子どもたちに確実に理解・習得させようと、様々に授業の工夫と改善を行います。

現在、若手教員は数年間、教育委員会が行う研修や校内での研修受講が義務づけられています。そこで指導主事（注1）や先輩教員からなされる指導・助言は、やはりアナログの教育環境を前提とした各教科の実践研究にもとづいています。数年がたち中堅になって、多くの教員は教育委員会や各種教育団体が主催する教育研究会で研修の機会をもちます。このときもやはり、多くはアナログ環境を前提にした授業研究などが行われます。

私が専門としてきた社会科教育の分野でも、名人と言われる人たちが数多く輩出され、素晴らしい授業実践がつくり出されてきました。ちょうど私が教員になりたての頃には、教育界で出口論争（注2）という論争が勃発し、その行方を固唾《かたず》を呑《の》んで、そしてワクワクしながら毎月刊行される教育雑誌を貪《むさぼ》るように読んでいたことを思い出します。

そんな教科教育の実践研究によって磨かれたアナログを前提とした授業方法は、完成度が高く、しかも単位時間（例えば、四十五分）の中で、うまく完結するようにできています。これら教科の授業研究の成果は毎年、多くの研究発表や著作となって全国津々浦々《つつうらうら》に行き渡り、現場の授業を実質的に規定していったのです。

多くの方は学習指導要領が変われば、学校教育は変わると思っているようです。確かに新しい学習内容が加わり、その意味で教育は変わります。二〇二〇年度からは小学校では、三年生から外国語活動が始まり、五、六年生はそれが教科となります。そしてプログラミング教育が必修となります。

しかし学習内容が新しくなっても、アナログ環境を前提とした教科教育研究の指導方法の呪縛から解放されない限り、ＩＣＴ活用は知識や技能習得のためのアドオン活用、つまりは単なるつけ足しに止まってしまうのです。ＩＣＴを学校教育のど真ん中において、その機能をフル活用した授業こそが、新しい社会に必要な資質・能力を育むことになるのですが、そのためには教員の授業方法に対するパラダイム転換が図られないといけません。

とは言っても、本当に教科教育研究の壁は厚く、職員会議で極めて真面目で優秀な教員からは「校長の言うこともわかるけれど、私たちのやってきたことも認めてほしい」と訴えられましたし、研究会でＩＣＴをど真ん中においた活用をうながせば、集中砲火を浴びてしまいます。

学校が変われない理由２

学校を取り巻くステークホルダー

学校はしがらみが複雑で、新しい教育を実践しにくい

ステークホルダーとは、利害関係者のことです。「学校を取り巻く利害関係者っているの？」と感じられる方もいらっしゃるかと思いますが、実はたくさんいるのです。金銭的な利害関係が一番わかりやすいものですが、学校をめぐっては直接金銭が絡まない分、逆に複雑です。

利害関係者の筆頭は子どもたちです。これまで述べてきたように、Society 5.0 の

社会を生きる子どもたちがそこで必要な資質・能力を学校で育むことができないとしたら不利益を被ります。学校は子どもたちの安全確保と人権尊重を大前提に学力の向上を図り、二十一世紀を生きるために必須の資質・能力であるコンピテンシーを育んでいかなければなりません。

保護者も当然、利害関係者です。子どもたちが健やかに成長することを願って学校に通わせています。その願いを叶えるために学校との協力関係を築くPTAという組織がつくられたのだと思うのですが、現在はその形骸化が様々に指摘されています。

また、この保護者の教育をめぐる価値観が一様でないところが、対応を難しくしています。モンスターペアレントは何をか言わんやですが、一人一人の保護者の価値観の幅はとてつもなく大きいものがあります。

特に話がICT活用になると、それだけで拒絶反応を示す方もいます。全体からすれば割合的には少ないのですが、その方々の声が大きくなること（ノイジー・マイノリティー）も特徴的です。そしてこのような保護者は議員とつながっていることもあり、その対応は極めて厄介です。保護者同士もICT活用に関しては、お互いの腹の中を探り合っている節があり、多数派の声は大きくはなりません。サイレント・マジョリティーです。

議会は民意を代表する機関ですから、直接選挙で選ばれた議員は教育委員会が所管する学校教育にも責任をもっています。国の動向や社会状況を踏まえて定例議会や文教委員会等で学校現場や教育施策についての質問をし、改善をうながします。保護者の意向（たとえそれが少数であっても）を踏まえることは、選挙対策にもなります。

民意の代表である議員の方々と議会という場で直接向き合うのが教育委員会です。教育長をトップにした独立行政委員会として、責任ある教育行政の推進について説明責任をはたします。

保護者、議員、教育委員会は、このような密接なつながりの中で絡み合いながら学校と深く関わっています。学校はどこからも独立した聖域ではなく、様々な関わり、時としてしがらみの中で教育活動を展開しているとも言えます。

ひらかれた教育活動が叫ばれるほどに、地域との関わりも大切にしなければなりません。町会や健全育成に関わる様々な団体との良好な関係を築き上げることは、学校管理職にとってとても重要な職務です。ですから休日に地域の運動会やイベントがあれば、そこへ出向くのです。

　これらの様々な価値観をもつステークホルダーとうまく渡るには、調整力が必要です。某教育長が言うように「バランスをとり」ながら、学校経営を推進していかなければなりません。ですからエッジの効いた教育実践なんかを率先して推進していくことは、そのバランスを乱すことになり面倒くさいことになるのです。

　学校が変わらないのは、このようなステークホルダーと調整する、バランスをとるという感覚が変化を押しとどめているからでもあります。

　そう、学校をめぐっては、このようなステークホルダーがある意味、知らず知らずのうちに魑魅魍魎《ちみもうりょう》と化しているのです。その方々と丁寧に向き合って、十分な説明でもって新しい教育を推進していくのか、はたまた彼らにおもねって学校経営するのか、それとも一定の距離をおいて独立を保ち、新しい学びの実現に向かって一歩を踏み出すのかは、管理職の資質・能力以外の何物でもありません。

　私自身は決定的にこの調整力が欠如していました。だから、無駄に敵をつくってきたことを身近な方から繰り返し指摘されてもそれを修正できず、相手によっては十分な意思疎通《いしそつう》を図れなかったこともありました。

保護者と子どもたちの学校観が昔のまま

盆暮れ正月、親戚が一堂に会し、そこに小学生の子どもがいようものならば、

「おー、学校に入ったんだってな。先生の言うことちゃんと聞いて、しっかり勉強するんだぞ」

との叱咤激励《しったげきれい》が飛んできます。私自身がそう言われてきましたし、今でもそういう場面に出くわすことがあります。

かつて学校は、社会に出て生きるために必要な知識と技能を学ぶ、ある意味絶対的な場でした。学校に行って最先端の設備で有識者である教員から、優良コンテンツである教科書を使って知識と技能を授けてもらったのです。

だから教員の言うことは黙って聞き、教わったことをしっかりと理解し、その定着を図るために必死に暗記してテストに備えました。そういう教育を受けてきた世代が、

そのときに身に染み込ませた学校観を知らず知らずのうちに保護者や子どもたちに伝えて（押しつけて？）いるのです。

今は子どもたちが生きる社会に必要な知識と技能は学校でなくても学べますし、教科書以外にも優良コンテンツはたくさんあります。そんな社会や時代になっていることが必然の流れにあっても、親戚のおじさんが発するような学校観が当然のこととして受け継がれています。

勉強は、本来「気の進まないことを仕方なくする」という語源をもっています。まさに「勉《つと》めて強いる」です。学校での学びがこの言葉、つまり「勉強」という言葉で表されるようになったのは、明治になって日本が近代化を目指して、西洋の進んだ知識や技術を取り入れようとしたからだと思っています。進んだ知識と技能を吸収するには、我慢して覚えなければならないことがたくさんありました。「勉強は苦しくてなんぼ」という感覚が日本中に広まり、今もメディアをはじめ多くの方が「勉強」という言葉を何のためらいも、そして違和感もなく使っています。

前原《まえはら》小時代、プログラミングの授業を公開したときに、確か民間の若いライターと称した女性が質問してきました。

「今日の授業は、子どもたちがとても楽しそうに活動していて良かったと思うんですが、勉強は我慢して苦しさを乗り越えなければいけないんじゃないですか？」

私はこの「勉強」という言葉こそが死語になるかならないかで、日本における真の教育改革の実現を判断することができるのだと思っています。

教わった内容を覚える授業の方が子どもは楽

イギリスのピアソン研究所のマイケル・バーバーは、このことを「四十年ギャップ説」と言って説明していました。教育改革はまさに子どもたちが社会の第一線で活躍する二十年後を想定して行われますが、保護者や地域の方々などは自分たちの受けてきた二十年前の教育で育んだ価値観で、その変革を批判します。二十年前と二十年後の差、つまり四十年のギャップが、学校の変革にとってとても大きな壁となっているのだ、と言うのです。

ＩＣＴなどを活用し自分たちで学んでいく授業実践をすれば、二十年前の学校観に染まっている保護者だけでなく、それに抵抗する子どもも出てきます。以前勤めていた学校では「普通の勉強がしたい」と子どもに言われましたし、「俺は学びより勉強がいいんだ」と露骨に叫ぶ子どももいました。実は子どもにとっては勉強の方が楽です。先生から授けられたことを、基本忠実に覚えれば良いのですから。

私は前原小に着任してから二年目の卒業式で「勉強から学びへ」をテーマに式辞を行いました。「学校は、勉強するところではありません」から始まった式辞では、先ほど述べたような「勉強」の語源とこの言葉が世の中に広まっていった経緯、そして「勉強」を体現することの価値が評価された時代背景を話しました。そして子どもたちが生きるまさにSociety 5.0の社会においては、その価値が全く変わってしまっていることを次のように訴えたのです。

「これからの超情報化社会、時代や社会がどう変化していくかも予測がつかない時代に、勉強ができることに全く意味はありません。主体的に学ぶ意欲をしっかりと育み、個性的に学びながら、その難しさや楽しさ、新しい発見を仲間と共有しながら、ともに豊かで平和な社会を築こうとする中で、自己実現を図っていく、そんな皆さん一人一人の豊かな学びこそが、今一番求められているのであり、その個性的な『学び』を磨くために学校があるのだと考えています」

　でもこういう話は一部を切り取られ、真意が伝わらないのが世の中の常です。このときも冒頭の部分だけが一人歩きし、校長は勉強する学校を否定している、という噂《うわさ》も流れ、それが先のようなつながりで教育委員会への耳にも入っていったようです。

　しかしだからと言って、「学校は勉強するところではない。学ぶところだ」という主張を変えるつもりはありませんし、これからも訴え続けようと考えています。

　学校が変わらないのは、このように保護者や子どもたちの古い学校観、四十年のギャップもその原因の一つとなっているのです。

新しい取り組みをしたい若手を阻む、同僚との関係

このようなステークホルダーが醸し出す雰囲気が、知らず知らずのうちに学校を取り巻くレイヤー（層）となっています。そのレイヤーが幾重《いくえ》にも重なり、やがて外界の変化と乖離《かいり》するようになっているのが、今の状況だと考えます。学校はレイヤーに包まれた独特の文化を形成し、そこは教員にとってはコンフォートゾーン（安全で快適な場所）となって、それなりの居心地の良さも感じているのです。

ICTの導入はそんなコンフォートゾーンをかき乱し、そこにいる人たちにとっては、まさにレイヤーに穴を開ける、大気で言えばオゾンホールをつくり出すもののように感じているのかもしれません。だから目の敵にされるのだと考えています。

例えば、若手の教員がICTを活用した授業を実践しようとすれば、先輩教員から次のような助言をいただくことも。

「流行《はや》りもいいけれど、不易《ふえき》も大切にな」

この先輩教員は、ICTの操作にうつつを抜かす前にちゃんとした学級経営をやれ

と言いたいのだと思います。アナログの時代、しっかりとした授業実践をするには、学級のルールが確立できていなければなりませんでした。ルールや規範が定着してこそ、魅力的な授業実践が展開できたからです。

若手教員が、学級経営や授業、そして校務分掌《こうむぶんしょう》（校内での役割分担）など学校の多方面にわたって経験と実績のある先輩からのアドバイスを無視できるわけがありません。先輩の指導を受けなければ、学校の校務分掌を適切に遂行することができないからです。

しかし、この先輩教員の「不易」と「流行」の活用は違っています。「不易」と「流行」は対立概念ではなく、常に新しいものを追求し続けていくことこそ「不易」なのであって、このような方々にとっては、数年後、ＩＣＴ環境が学習インフラとなったときもＩＣＴ活用は「流行」なのかもしれません。

今、学校現場はＩＣＴ活用による教育実践の推進が求められていますが、学校組織における同僚との関係が、そのベクトルをマイナスへと向けてしまっている現実もあるのです。

だから学校は変わらないし、変われないのです。

学校が変われない理由3

学校が向き合う課題が高度に

いじめやアレルギー対応など、教員は大忙し

学校は三つの教育課題に向き合って教育活動を進め、その責任をはたしていかなければなりません。

一つは「安全の確保」、一つは「人権の尊重」、一つは「学力の向上」です。そして、これら三つの教育課題が昔に比べて極めて高度化しています。

「安全の確保」を例にとってみても、昔は登下校時に車に気をつけて、という注意を喚起すればすんだところが、今は不審者や近年の異常気象による風水害にも注意するよう呼びかけます。そして食物をはじめとする各種アレルギーへの対応には、本当に

学校が向き合う３つの教育課題

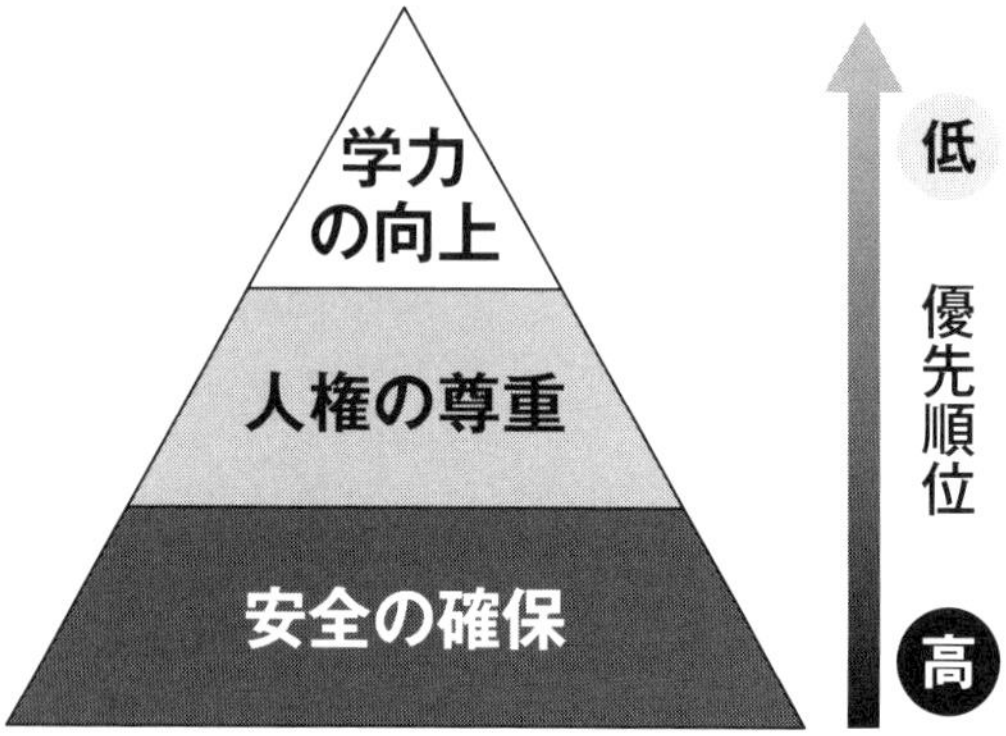

学力の向上の優先順位は最後。まして、ICTを活用する余裕なんて今の学校現場にはない。

神経を使います。

私が在任中の前原小には五百四十名近い子どもたちが在籍していましたが、そのうち二十名あまりが食物アレルギーによる除去食（注3）対応を行い、エピペン（注4）を所持している子どももいました。そのため万が一、子どもがアナフィラキシー（注5）を発症したときに適切な対応が取れるよう、毎学期、全教職員でそのシミュレーション（研修）を必ず行っていました。

そこに加えて、最近は児童虐待への対応も学校に求められます。身体測定や体育の授業での着替えのときに、身体の異常を発見できるからです。
「人権の尊重」においては、いじめ、不登校といった喫緊の課題に適切な対応が求められ、特別支援教育に対する理解を深めていかなければなりません。国の調査では学級に六〜七％程度は在籍するという発達障害の可能性のある子どもたちへの対応や学習障害への配慮も絶対に欠くことができません。インクルーシブ教育（注6）の理念は十分に理解しても、具体的に教育活動を推進していく際の様々な困難さは、学校の教員、そして管理職は痛切に感じています。

そして極めつけは「学力の向上」です。新学習指導要領では三年生から外国語活動が始まり、五年生からは教科となります。特別の教科道徳は先行して始まりましたし、プログラミング教育は必修化です。英語については専門の教員はいませんが、かつては自分たちもその授業を受けてはきました。でも、プログラミングを学んできた小学校の教員なんてほぼいません。だからどうすればいいのか見当がつかず、多くの学校では手つかずの状態なのです。

さらに追い討ちをかけるのが、これまでも繰り返し述べてきた新学習指導要領が求めるコンピテンシーベースの学びへの転換です。つまり、コンテンツの習得だけでなく、変化が常態化する社会にあって必要な資質・能力を育むための授業、「主体的・対話的で深い学び（アクティブラーニング）」の実践が求められているのです。

しかし、アナログベースの教科教育法のやり方でその実現を目指す限り、それは表層的なものとなってしまう危険性が極めて大きいことを訴えておきたいと思います。「対話的」な活動については、それを授業に取り入れようと話し合い活動やグループ活動を組織しても、その活動が機能せず「深い学び」につながっていきません。話し合い活動が、もともと発言力のある子どもの独壇場となったり、グループ活動でも同じようにリーダーシップのある子どもがその場を仕切り、他の子は活動を委ねてしまったりすることが往々にして見られるのです。何より、コンテンツの習得に主眼が置かれれば、正解を知らない子どもたちは恥ずかしくて発言すらしません。

「対話」を直接のコミュニケーション（話し合いや議論など）に頼っている限り、三十〜四十人の学習集団でうまく授業展開できるのは、よほどの名人くらいです。

教員の質・量ともに不足している学校現場

このように教育課題が高度化する中、それに向き合う教員の質・量ともに絶対的な人材不足で、現場の混乱に拍車をかけています。

経験がなく基本的な力が不足する若手教員、中堅層はまずもって絶対的な人数が足りず、時代の流れと乖離するベテラン教員が多数存在します。しかも近年は教員の採用試験の低倍率が大きな話題となっていて、競争率が三倍を下回れば質の低下は必然であることが報じられています。

このような学校現場において、校長がリーダーシップを発揮しながら適正な教育活動を推進することは、まさに「神業《かみわざ》」と言う他に言いようがありません。

しかし多くの学校がそうであるように、安全の確保を大前提に、子どもたちがお互いの人権を尊重し合う環境づくりに力を注げば、学力向上でＩＣＴ活用なんかは最後の最後。二つの前提がうまく成り立っている学校が取り組める、まさに雲の上の課題なのです。

そもそも授業にいたっては何もＩＣＴを使わなくても、素晴らしい成果を上げた教科教育研究の遺産で授業はできますし、従来の手法で授業改善に取り組む真面目な先生方がたくさんいることを忘れてはなりません。アナログ環境を前提に従来の教科教育研究が築き上げた指導法で、授業改善を一所懸命に図ろうしています。管理職も教員も現行制度の中で、もがきながらも誠実に教育活動を推進しています。

したがってＩＣＴ活用は、そのような教員の真面目さや善意との闘いと言っても過言ではありません。

何かがうまくいかないとき、その原因が相手の怠惰や不誠実さであれば、その改善はある意味簡単です。その原因を取り除けば良いのですから。勧善懲悪《かんぜんちょうあく》の理屈で変革を推進できれば、これほど気が楽なことはありません。そして周りからの称賛を得ることもできます。

しかし学校現場は違います。

日本がこれまで脈々と築き上げてきた制度の中で皆、誠実に教育活動を推進しています。そして、その努力と善意こそが現状の変革を押しとどめているのです。

だから学校は変わらないし、変われないのです。

このような変われない現実を目の当たりにすると、変革を無理強いできないように感じてしまいます。でもそれでは、学校は未来を生きる子どもたちに責任をもつ教育を進めることはできないのです。

（注1）教育委員会に置かれる専門的職員で、学校に対し指導や助言などを行う。
（注2）ある国語の教科書の文中に出てきた「森の出口」がどこか、と教師が子どもたちに問う授業のやり方の是非をめぐることから始まった論戦。教育実践史上最大の論争と言われる。
（注3）アレルギーの原因となる食物を除いた食事。
（注4）アナフィラキシー症状の進行を一時的に緩和し、医師の治療を受けるまでの間に用いられる補助治療剤。
（注5）アレルギーを引き起こす原因物質などにより、体に生じるアレルギー反応。じんましんや息切れなど、症状は様々。
（注6）障害の有無や民族、国籍などによって学ぶ場や環境を分けられることなく、ともに学ぶ教育。

第 3 章

プログラミングで見えた未来の学び

ものすごい計算力のあるコンピュータは人間にはできない表現を叶えてくれます。だったらコンピュータにわかる言葉（プログラミング言語）を使ってお友だちになり、みんなが安全で幸せに暮らすことのできる社会を一緒に築いていきましょう。そのためには、まずはコンピュータの頭脳であるプロセッサの話から……。

モニターをコンピュータだと勘違いしている大人が多い

文科省はプログラミング教育の目的とその授業の具体的なイメージをもってもらうことをねらいに、「小学校プログラミング教育の手引」を作成しました。その冒頭に次の文章が綴《つづ》られています。

「今日、コンピュータは人々の生活の様々な場面で活用されています。家電や自動車をはじめ身近なものの多くにもコンピュータが内蔵され、人々の生活を便利で豊かなものにしています」

ほとんどの人が、この文章を何の違和感もなくスーっと読みすごしてしまいます。多分、読者の皆さんもそうだと思います。しかし、実はここに子どもたちをコンピュータサイエンスに誘う極めて重要な内容が綴られているのです。

「コンピュータを描いてください」と言われたら、皆さんはどのような絵を描きますか？　多くの人はノートPCを、またある人はスマホを描くかもしれません。もしかしたらデスクトップ型のコンピュータを描く人も十人に一人くらいは、いそうな気もします。「コンピュータを描いてください」と言われれば、ほぼ全員が製品としてのコンピュータを描きます。

前原《まえはら》小学校にはラズベリーパイというシングルボードコンピュータが二十台あり、それぞれをモニターとキーボードに接続して特別教室に設置しました。前原小に視察に来られた方々をその教室へお通しして、ラズベリーパイの基板を見せ「これがコンピュータです」と説明すると皆一様に驚きます。大人でもモニターをコンピュータだと勘違いしている人が、あまりにも多いのです。

コンピュータの頭脳は、プロセッサと呼ばれる部品です。そしてその中核がCPU（中央演算装置）です。モノにコンピュータが内蔵されるとは、このプロセッサが組み込まれ、そこに回路を設計することで入出力の処理がものすごいスピードで行われるようになる、ということです。手引の文章が指し示すコンピュータは製品としてのコ

IchigoJam（右）の主要部分だけを切り出したのが IchigoDake。

ンピュータではなく、ＣＰＵを含んだプロセッサのことを言っています。

前原小では、IchigoDake（イチゴダケ）という基板をむき出しにしたシングルボードコンピュータを使ってプログラミングの授業をしています。これはIchigoJam（イチゴジャム）の主要な部分を切り出したもので、基板一枚、税別九百八十円です（本書執筆時現在）。世界で一番安いと思われるコンピュータですから、全員に配ることができますし、これを使ったプログラミング授業が軌道に乗れば、保護者に教材として購入してもらうこともできます。

授業の中身やIchigoJamとの出会いについては後で詳しく触れますが、これを採用しようと思った理由の一つが、プロセッサを実際に見て、触れられることにあります。この体験こそがコンピュータサイエンスに向かう第一歩となるのです。

先の手引は、「プログラミングによって、コンピュータの仕組みの一端をうかがい知ることができるので、コンピュータが『魔法の箱』ではなくなり、より主体的に活用することにつながります」とも述べていますが、そのためにもコンピュータを製品としてとらえるのではなく、その頭脳であるプロセッサの役割をしっかりと理解することが極めて大事です。

プログラミングの最初の授業はプロセッサの話から

私が行ったプログラミングの授業のお話をしましょう。子どもたちをコンピュータサイエンスへ誘う大事な最初の授業です。もちろんプロセッサの話を核として、そこからプログラミングへの導入を図りました。

まずは第一章でご紹介した、ソサエティ5.0「すぐそこの未来」篇の映像を見せます。前原小の子どもたちは全校朝会で見ていますが、「もう一回見てみようね」と言って、映像を流します。

見終わった後、映像に登場したIoT製品を子どもたちに尋ねます。ドローン、AI家電&スピーカー、遠隔診療、無人トラクター、会計クラウド、無人走行バス。「知ってる？」「使ったことある？」と聞けば、「ある！　ある！」です。

だって、AIスピーカーは教室にあるし、電子マネーの話も出てきます。学年・学級によって反応は様々ですが、ここでは自分たちの日常にIoT製品がすでに相当数活用されていることを確かめます。そしてこれら製品にコンピュータが組み込まれ、プログラムされているからいろんな動きや対応ができることを伝えます。

ここで「ねえー、コンピュータ描いてごらん？」と投げかけます。

子どもたちは一瞬、「えっ？」という顔をします。彼らにとってコンピュータは当たり前の存在です。改めてコンピュータを描いて、と言われればノートPCやスマホを頭の中に浮かべます。そこでノートPCなどの実物を示して、「これがモノに内蔵されるって、おかしくない？」とたたみかけます。

そしてプロセッサの登場です。

「実はモノにコンピュータが内蔵される、というのは皆さんが思い描いた製品としてのコンピュータのことではなくて、その頭脳であるプロセッサが組み込まれるということです」と話して、子どもたちにIchigoDakeを配ります。子どもたちが実際にプロセッサに触ったら、いよいよ授業のヤマ場です。

「実はこのプロセッサ、計算と記憶が超得意なんだ！」と言って、「特に計算は、ものすごいスピードで計算できるんだ。どのくらい速く計算できるか知ってる？」と尋ねますが見当がつかないはずなので、一秒間に何回の計算ができるかを黒板に数字を書きながら伝えます。

・IchigoJam & Dakeのプロセッサの計算回数は、一秒間に五千万回
・スマホなどのプロセッサの計算回数は、二百億回

・ノートPCのプロセッサの計算回数は、十兆回
・「京《けい》」のプロセッサは、その名の通り一京回

「京」はスーパーコンピュータです。最近「京」の百倍の処理速度をもつ「富岳《ふがく》」を開発するプロジェクトが立ち上がったことも、つけ加えたりします。

こんなすごい計算能力があるからこそ、基本は0と1の電気信号だけれど、その組み合わせで信じられない表現が可能となっていることを話します。0と1の組み合わせの最も単純なLEDライトの点滅から始まって、その組み合わせを少し複雑にすれば文字を描くことができます。さらにその組み合わせがとてつもなく複雑になればものすごい表現、例えば、災害や医療のシミュレーションが可能となるのです。

コンピュータは、そのプロセッサがもつ計算能力によって、人間の機能を五十億倍に拡張できると聞いたことがあります。一秒あたりの計算能力を考えれば、うなずけるものですし、拡張する領域も多方面にわたります。

だったらコンピュータとお友だちにならない手はありません。

「コンピュータとお友だちになろう！」

「お友だちになるために、コンピュータとお話ししよう」

と子どもたちに呼びかけます。

そう、プログラミングはコンピュータとお友だちになるためのコミュニケーションなのです。

こうして、実際にプログラミングの活動へ入って行きます。

プログラミングはコンピュータとのコミュニケーション

プログラミングの授業を始めた当初は、プログラミング＝命令と子どもたちに伝えていました。

当時はちょうど映画「スターウォーズ」に出てきたBB-8のロボットが玩具として発売された頃と重なり、Tickle（ティックル）というプログラミング言語でダンスのような動きをプログラムして、子どもたちの興味をひくところから授業の導入を図りました。そして、ダンスが終わったところで、「ＢＢ－８にインタビューしよう！」と子どもたちに呼びかけていました。

「ダンス上手ですねって、聞いたらなんて答えると思う？」

もちろんＢＢ－８が実際に返事をしてくれるわけではありませんから、子どもが想像することになります。子どもたちからは様々な反応が予想されますが、最終的にはダンスがプログラムによって行われているものであることに気づかせたいと思っていました。ですから例えば、ＢＢ－８からはこんな返事があるのではないか、と子どもを誘導しました。

質問１　「難しくありませんか？」
ＢＢ－８「命令よ。命令」
質問２　「疲れませんか？」
ＢＢ－８「命令よ。命令」

本文に出てくるBB-8のダンスはユーチューブで見られる(筆者撮影)。
右の二次元バーコードを読み取れば、そのサイトへ飛べる。

質問3「楽しいですか?」
BB-8「命令よ。命令」

このような導入授業を行っていたとき、校内研究の協議会で若い教員が「プログラミング=命令という構図は違うと思う」という趣旨の発言をしたのです。そのときからです。彼の発言が私の頭から離れなくなりました。

そしてあるとき、プログラミングがコミュニケーションと結びついたのです。確かにプログラミング=命令という図式は、社会一般でも認知されていて特に問題視されることはありませんが、どうしても人間がコンピュータに様々な使役をさせるという構図がつくられてしまいます。するとコンピュータが組み込まれたロボットが強制労働に対する反発から、やがて反乱につながっていくイメージが描かれてしまうような気がします。まさに映画「ターミネーター」の世界です。

これではコンピュータ＝怖い、という印象を植えつけてしまい、ＩｏＴど真ん中、ＡＩ共生社会を生きていくための関係をつくり出すことができません。

しかしプログラミング＝コミュニケーションと考えれば、コミュニケーションの豊かさによってコンピュータとの親密さが増します。コンピュータと親密な関係を築き、人間では到底できない表現をコンピュータに叶えてもらうことができれば、プログラミングは人間にとっての新しいメディア表現だとも考えることができるのです。

このように考えれば、二十一世紀を主体的に切りひらいていく力が具体的に見えてきます。プログラミングを介して、コンピュータにこんな表現をしてほしい、と思ったらその思いを情報の動きとして考えてプログラミングしてみる。また、身の回りの出来事や自然現象を情報の動きとしてとらえて、その特徴を理解する。このような力を育むのがまさにコンピュータサイエンスであり、そのための第一歩がプログラミングなのだと考えるようになりました。

ですから前原小では、テキストプログラミングでコンピュータとより豊かにコミュニケーションを図ろうと考えて、後述するIchigoJamBASIC（イチゴジャムベーシック）で全学年、プログラミングの授業を行うようになったのです。

小さい子はドラッグ&ドロップはお手のもの

私がIchigoJamBASICというプログラミング言語を知ったのは、二〇一六年の十二月でした。福井市で行われた「こどもプログラミング・サミット」というイベントに招待され、そこで福野泰介《ふくのたいすけ》氏（株式会社jig.jp取締役会長）が開発したシングルボードコンピュータ、IchigoJamに出会ったのです。そして、それがBASIC（ベーシック）というプログラミング言語で動くことも知りました。しかしそのときは、テキスト入力を小学校へ導入するのは正直ハードルが高いと感じていました。

しかし、転機が訪れます。同じく福井のイベントで知り合い、その後、前原小のプログラミングの授業実践に深く関わっていただいた松田優一《まったゆういち》氏（株式会社ナチュラルスタイル代表取締役）が二〇一七年七月に前原小の校長室を訪ねてきて、「校長、できた！」とCutleryApps（カトラリーアップス）というアプリケーション（アプリ）を見せてくれたのです。このときのことは、今でも鮮明に覚えています。

CutleryAppsは、カトラリーカードという紙の教材をもとに作成されたアプリです。この教材は日鉄日立システムエンジニアリングが作成し、パソコンなどがなくても紙のカードを並べて、プログラミングを学ぶことができるものです。松田氏はこれをパソコンやタブレットなどで活用できるアプリにしたのです。

使い方も簡単でした。左側の三つのタブに収められた動作（「LEDをつける」、「ビープおんをならす」など）のカードを、右側の10、20、30などと番号が書かれた白いキャンバス部分へとドラッグ&ドロップするだけで、プログラムをつくれてしまうのです。

低学年の子どもたちはすでに就学前からタブレットやスマホに触れていて、ドラッ

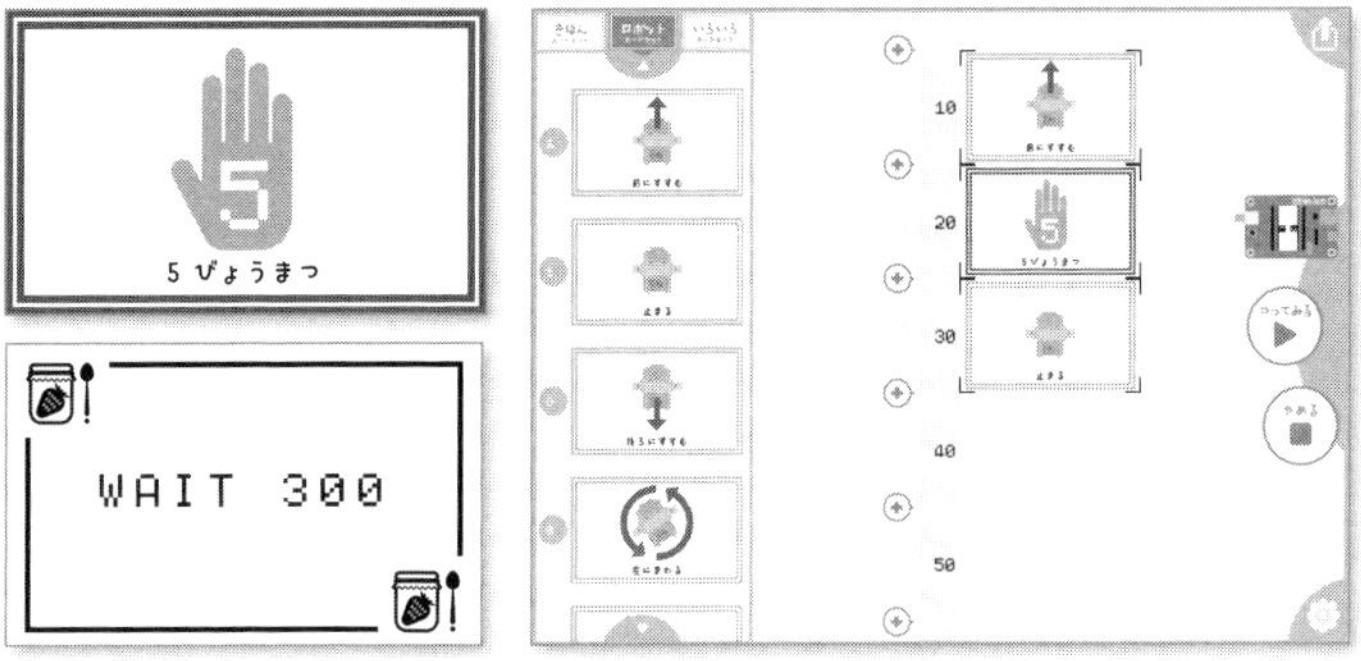

カトラリーカード（左2つ）の表面には動作が、裏面にはコマンドが書かれている。
これをアプリにしたのがCutleryApps。

※カトラリーカードは日鉄日立システムエンジニアリング株式会社（Nittetsu Hitachi Systems Engineering, Inc.）が制作

グ&ドロップはお手のもの。私たち年配の大人のように、操作に戸惑うことなんかありません。子どもたちにとっては全く違和感のない操作であり、この操作を行うことで自然とプログラミングの基本の考え方（順次実行と繰り返し）が体得できるのです。

「いける！」

これが低学年の子どもたちにとって、最高のプログラミングアプリケーションになることを直感しました。

私がIchigoJamというコンピュータに出会ったのが二〇一六年の冬でしたから、大げさに言えば、そこか

らたった半年あまりで日本のプログラミング教育のあり方を決定づけるアプリケーションが開発されたのです（少なくとも、私はそう信じています）。

天才プログラマーから受けた指摘

私は二〇一三年に初めて小学校でプログラミングの授業実践を行って以来、様々なプログラミング言語を用いて子どもたちと新しい学びのあり方を追究し続けてきました。

今や小学校プログラミング教育において事実上、標準的となった猫のキャラクターが象徴的なScratch（スクラッチ）をはじめ、イギリスの公共放送ＢＢＣが開発したmicro:bit（マイクロビット）を動かすMakeCode（メイクコード）、アーテック社のStuduino（スタディーノ）、合同会社デジタルポケットのViscuit（ビスケット）などを活用してプログラミングの授業を行ってきました。どれもビジュアルで子どもたちが扱いやすい魅力的なプログラミング言語です。これらの言語を用いて子どもたちはコンピュータとコミュニケーションをとりながら、思い思いの表現を楽しんできました。

前原小ではさらにMinecraft（マインクラフト）というゲームを活用した授業も行っていたところ、天才プログラマーの一人である鵜《う》飼《かい》佑《ゆう》氏に興味をもっていただき、おつき合いが始まりました。鵜飼氏はマイクロソフト社でこのゲーム開発のプロジェクトリーダーを務められた方です。

その鵜飼氏を二年目（二〇一七年度）の最後の校内研究会へお招きして、前原小のプログラミングの体系を提案したとき、「ごちゃごちゃしすぎじゃないですか」という趣旨の指摘をいただきました。

確かに先ほど紹介した様々なプログラミング言語をつめ込んで、これまでの授業実践の事実と子どもたちの発達段階から勘案してつくった体系は、今振り返ってみて「ごちゃごちゃ感」は否めません。

「どうしたらこのごちゃごちゃ感を解消できるのだろう……」

このときの鵜飼氏の指摘は、それからずーっと私の胸に刺さっていました。

このもやもやを解消させてくれたのが、二〇一八年度に行った校内研究での、IchigoJamBASICを使ったプログラミングの授業の実践でした。前原小では、二〇一七年度から「プログラミングが創る新しい『学び』」を研究テーマに掲げ、全学年一回ずつ授業研究を行ってきました。そして二〇一八年度は、二年生と四年生、そして五年生がIchigoJamBASICを使ったプログラミングの授業を行いました。これらの実践での子どもたちの学ぶ姿（事実）が、私に低学年から高学年まで全部IchigoJamBASICでプログラミングの授業を貫けるのではないか、という思いにさせていったのです。

松田氏がCutleryAppsを開発した頃はまだ低学年でのプログラミングの授業実践での活用に止まっていた考えが、紆余曲折《うよきょくせつ》を経ながら一年後には、CutleryAppsをスタートにした「全部IchigoJamBASIC」というプログラミングの授業体系へと昇華したのです。

第 4 章

公立小学校でも、すごいプログラミングの授業ができる

低学年はLEDライトの点滅とロボットで遊び、中学年は自分でテキストを打ってロボットをセンサーで制御します。そして高学年ではドローンを飛ばし、アニメーションやゲームプログラミングにも挑戦。テキストプログラミングは、子どもたちの将来の受験や職業選択に大きなアドバンテージをもたらします。

実践事例1　低学年はLEDライトとロボットで遊ぶ

プログラミングで二年生が五年生の学習内容に自然と気づいた

二〇一八年五月、二年生が校内研究の一環でプログラミングの研究授業を行いました。株式会社タミヤのカムプログラムロボット（以下、カムロボット）をIchigoJamBASICでプログラムして、課題解決を図る授業です（低学年ですので、キーボードではなくCutleryApps）。

スタート地点から一・五メートルほど離れたところの印をUターンして戻ってくるという課題に、子どもたちは意欲的にチャレンジしていました。三人一組でのグループワークは、トライ&エラーを繰り返しながら課題解決に向かって協働する場面が数多く見られる素敵なものでした。

あるグループは何度も失敗し、「次こそは」という思いが高まって、プログラムを実行するときに「お願い！」と手を合わせていました。プログラミングと神頼み。何

低学年のカムロボットの授業。うまくいくまで何度もチャレンジ。

と微笑《ほほえ》ましい光景でしょうか。

カムロボットの動きをプログラムして課題解決を図るには、算数の考え方を駆使することになります。まず目的の印のところまでカムロボットを動かすために、「前にすすむ」というカードと「○びょうまつ」というカードを組み合わせなければなりません。しかしカードは「1びょうまつ」「3びょうまつ」「5びょうまつ」「10びょうまつ」の四枚しかありません。子どもたちは数を合成して（簡単に言えば、たし算して）、必要な距離を算出するのです。当然、一回ではその距離をぴったり合わせる秒数を確定できません。目的の印まで行かなかったり、行きすぎたりします。

何度も失敗を繰り返す中で、『3びょうまつ』でここまで動くのだから、その三つ分がちょうどだよ」とある子どもが言っていたのには驚きました。単位量あたりの考え方は五年生の学習内容ですが、このプログラミング体験の中で二年生がしっかりと感じ取っていたのです。

直進は多少行きすぎても良いのですが、印のところでロボットを回転させるには、精度が必要になります。「左にまわる」と「○びょうまつ」のカードを組み合わせるのですが、カムロボットを正確にUターンさせなければ、スタート地点とは大きくズレた方向へ動いていってしまいます。最小の「1びょうまつ」でも回転しすぎたり、しなかったり。

そんなとき「□びょうまつ」というカードを使う子どもが出てきます。このカードはカムロボットを動かす活動の前に、LEDライトを点滅させるプログラミングのときに使用しています。子どもたちはこのカードの□に小数を代入して、LEDライトをものすごく速く点滅させせて遊んでいました。その体験を生かして、ロボットの回転に使用していたのです。

小数を量（LEDライトの点滅の速さやロボットの動く距離）として体感できるのも、ロボットなどをプログラミングするメリットの一つです。二年生の子どもたちが三年生になって小数を学習する際の貴重な体験となるはずです。

科学において大切な誤差について学ぶ

そしてこのプログラミング活動で、子どもたちは一つの課題解決には多様な解があることに気づきます。同じ課題を解決するにも、それぞれのグループのつくったプログラムは様々です。それらプログラムの考え方や面白いところを共有することで、多様性を尊重することもできるようになります。

さらにロボットのプログラミングは、子どもたちにリアルの世界を知らしめます。「まっすぐ進む」とプログラムしても、リアルの世界ではロボットはまっすぐ進みません。床が傾いていたり、摩擦によってロボットが左右にズレて動いたりしてしまうのです。電池の残量が違えば、同じ秒数を指定しても進む距離が違ってきます。リアルの世界に真値（データ上は正しい値）はありません。様々な要因によって、必ず誤差が生じます。しかし誤差は誤りではなく真値との差であり、この誤差にどう対応するかが科学技術の進歩・発展につながっていったのです。

こうして楽しそうに授業に臨む子どもたちの姿と、その前年度に行ったＬチカ、すなわちＬＥＤライトを点滅させる授業を重ね合わせたとき、私は低学年でのCutleryAppsを使ったプログラミングの授業の実施に、大いなる手応えをつかんだのでした。

ＬＥＤライトを使った教材を自作して授業へ

そのＬチカのプログラミングの授業とは、二〇一七年十月の二年生の授業です。同年の夏に松田《まった》さんがCutleryAppsを開発してくださってから、初めてそれを授業で試してみました。今では一年生がＬチカでプログラミングを体験しています。

ただ、IchigoJamやIchigoDakeについている小さな、本当に小さなＬＥＤライトが点滅しただけでは、子どもたちは「なーんだ」という顔をするに決まっています。そこで赤、黄、緑、青の四色のＬＥＤライトを使ったオリジナルのＬチカ教材をつく

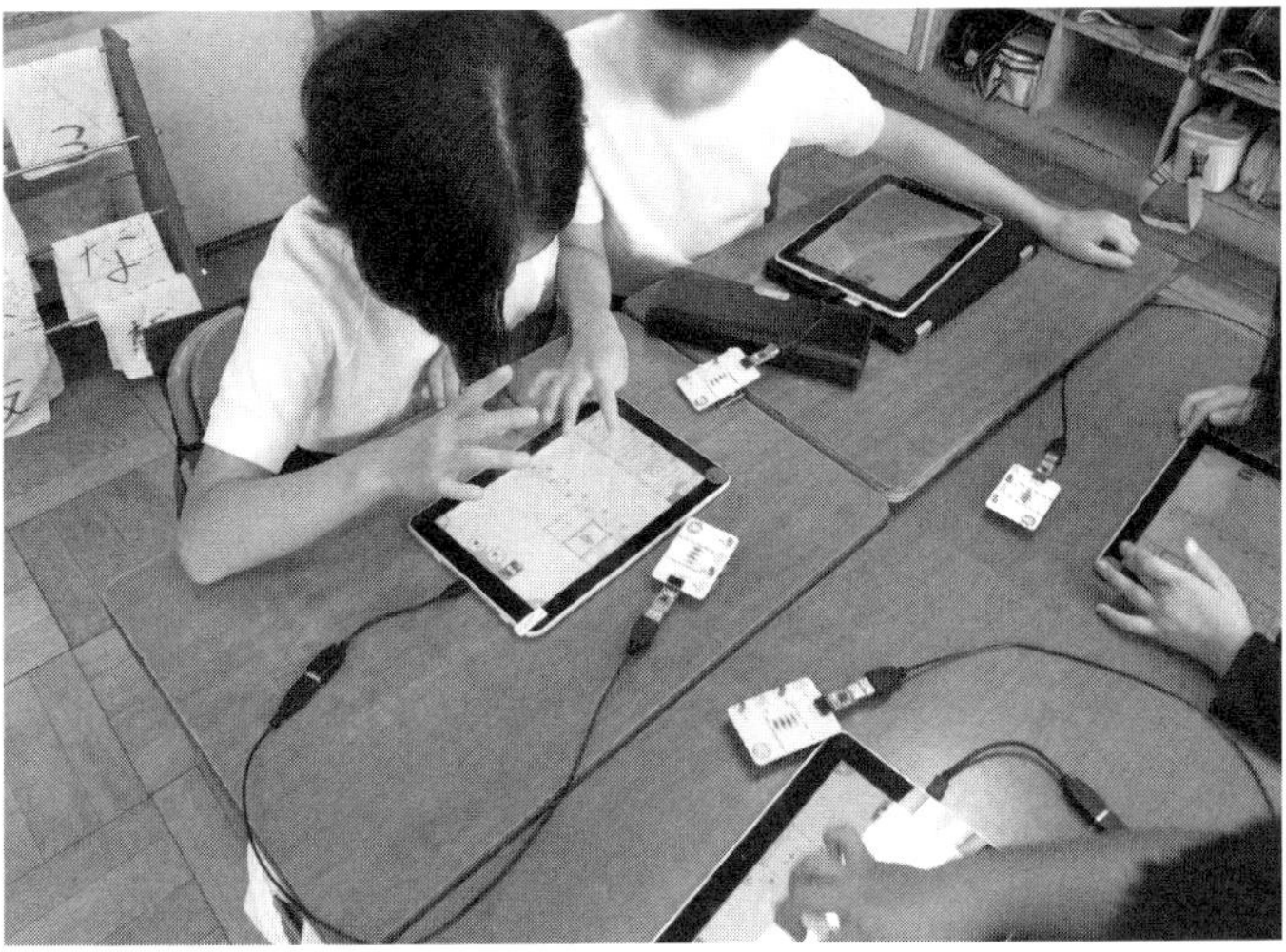
Lチカの授業。教え合いながら、思い思いの表現を楽しんだ。

り、授業当日はそれを子どもたち一人に一台渡して、CutleryAppsでプログラミングさせました。

子どもたちは思った通り、タブレットでのカード操作、ドラッグ&ドロップは簡単にやってのけました。四色のLEDライトは子どもたち一人一人のプログラムによって素敵な点滅を繰り返し、皆でBGMを流して、友だちの個性的で多様な表現を楽しみながら鑑賞しました。

ただ大変だったのがオリジナル教材であるため、接続が簡単に外れてしまうことでした。その時間、教室のどこかしこで接続が外れ、その度にそこへ行っててつなぎ直したことを思い出しました。

このときも松田さんは福井県からわざわざ来校され、一緒に授業を手伝ってもくれました。授業のねらいと内容、そして展開は良かったものの、その準備と当日の状況に、とても先生一人では対応できない現実も明らかになりました。

その後、松田さんは、授業そのものはとても面白かったけれども、あまりにも教材が悲惨だったため、四連LED基板の回路を帰りの新幹線の中で設計し発注してくれました。

一か月後、前原《まえはら》小の校章が入った四連LED基板が学校に届きましたが、接続が外れることもなく安心して授業で使えるものとなっていました。これは後に改良を重ね、今ではM01として商品化されています。


低学年の子どもたちがCutleryAppsで行うプログラミングを見ていると、彼らがタブレットの操作に習熟していることがよくわかります。コンピュータの基本操作である電源のONとOFF、アプリの起動と終了、再起動などを自然と体得していきました。

プログラムに関しても、IchigoJamBASICでは、動き（前にすすむなど）とその保持（○びょうまつなど）が必要で、カードを並べたように順番にプログラムが実行されることを体感し理解していきます。

実践事例2　中学年からテキストを打って、ロボットを動かす

センサーつきのロボットに子どもは興奮

四年生はIchigoJamBASICで研究授業を行いました。使用した教材は、先ほどの二年生と同じカムロボットです。

本来なら低学年から積み重ねての四年生での授業となりますが、何しろ初めてのIchigoJamBASICでのプログラミングですから、まずは低学年と同様、CutleryApps

でカムロボットを動かし遊びました。教室の中央に模造紙を広げ、得点ゲームなどを行いながら、その操作にまずは慣れさせました。

そして、いよいよ本番です。

「先生、すごいプログラム考えたんだ。見て！」と言って、子どもたちの前で見せます。プログラムを書き込んだIchigoDakeをカムロボットに差し込み、「三、二、一」とカウントダウンします。するとロボットは、まっすぐ進んでいきます。

「動いた！」

子どもたちはこの後どんなすごいことが起こるのだろうと、期待で固唾《かたず》を呑《の》んで見守っています。ロボットはまっすぐ進みます。しかし何も起こりません。期待外れか、とちょっと落胆の雰囲気が感じられたときに、ロボットの前方に手をかざします。ロボットは止まりました。

一瞬、子どもたちは「えっ？」と、何が起きたかわからない様子です。手をあげます。するとロボットはまた動き出します。

「動いた！」

今度はすぐに手をかざします。ロボットは止まります。手をあげます。動きます。かざします。止まります。

「自動運転だ！」

やがてロボットにつけられた距離センサーを指差して「これだ！　センサーだ」と、子どもが気づきます。

子どもを焦らしてから、テキストプログラミングへ

子どもたちが興奮してきたところに「もう一つプログラムつくったから見て」と言って、別のIchigoDakeをカムロボットに差し込みます。子どもたちは期待感でいっぱいです。何が起こるのだろう！

ロボットは前進します。今度は焦らすことなく、ちょっと前進させたら手をかざします。するとロボットはその手を避けるように、右回りをします。そして再び手をあげると、またまっすぐ進みます。

今度は手をロボットの前にかざし続けます。するとロボットはその手を避けるよう

に、ずっと右回りをします。今まで自分たちがCutleryAppsでプログラムしてきたロボットが、思ってもみなかった動きをしたのです。子どもたちの興奮は高まりますし、自分でも同じようなプログラムをつくりたくなっています。

「じゃ、プログラムしてごらん」と言えば、子どもたちは一目散に自分の机へ戻り、CutleryAppsのカードを探し始めます。でも、「前にすすむ」や「右にまわる」のカードはありますが、手をかざしたら止まる、などというカードは見当たりません。

すると、「先生、そのカード、どこにありますか？」という質問がすぐに飛んできます。「カード、見つからない？」とちょっと意地悪に返答すれば、「どこにもありません」と強く訴える子どもも出てきます。

ここで「そう、実はさっき先生がつくったプログラムは、もともとあるカードではつくれないのです」と種明かし。すぐさま「どうやって、つくったのですか？」と聞かれ、コマンドをテキストでプログラムしたことを伝えます。そしてCutleryAppsのカードを裏返すと、そこにIchigoJamBASICのテキストが書かれていることを確かめます。

「皆さんはこれまでカードでプログラムしていましたが、実は裏に書いてあるコマンドのプログラムをつくっていたのです。でも手をかざすと止まるというカードはないので、テキストでつくらなければなりません。テキストでプログラムをつくってみる？」

いよいよテキストプログラミングの始まりです。カムロボットのセンサー制御は、子どもたちをテキストプログラミングへと誘う最高のきっかけを与えてくれます。

一行ずつプログラムを教えると、たちまち授業はつまらなくなる

先生はさらに問いかけます。

「打てる？」

ここで「打てる！」「打てる！」と言う子どもと、頭の中が「？」で首をかしげる子どもがいます。

このとき、全員にプログラムを打たせることを目標にすれば、勢い先生は一つ一つのプログラムを一行ずつ教えにかかります。この瞬間、授業がつまらなくなります。

多くの子どもたちは、とにかくやってみたいのです。ここまでだって結構焦らされて

カムロボットをセンサー制御するプログラム例

```
10　D=ANA(2)
20　IF　D<500　OUT33
30　IF　D>500　OUT0
40　GOTO10
SAVE0（プログラムを保存します）
RUN（実行します）
```

＊行番号 30 の「OUT0」を「OUT17」に変えると、ロボットは右回りをする。

います。やりたくてたまりません。それが失敗であっても、まずは取りかかりたいのです。一方で、不安な子どももいます。この差に授業の中でどう対応するかが、先生の考え方によって大きな違いとなって現れてきます。私は「やってごらん」とだけ言います。

子どもたちはそれぞれの個性で、様々な姿を見せます。黙々とテキストを入力する子ども、すぐさまわからないと言う子ども、友だちと教え合う子どもなど。

たった数行のプログラムですが、意味のわからない単語も並んでいます。でも子どもたちはこのプログラムがつくれれば、ロボットがどう動くかは知っています。その動きを自分の手でプログラミングして実行したい、という気持ちが強いから必死でキーボードの文字を探し、入力していきます。何度もチャレンジして、やっと思い通りのセンサー制御のプログラムが実行できた子どもたちの笑顔、安堵《あんど》感はたまらなく愛らしく感じます。

実践事例3　高学年はドローンを飛ばす

夢を広げ、プログラミングの最高の動機づけとなるドローン

IchigoJamBASICでドローンを飛ばすことができると知ったとき、子どもたちに絶対に体験させたいと思いました。なぜなら彼らが生きる社会では、変革が上空にまで拡大するからです。その象徴の技術がドローンなのです。

これまで高いところは私たち一般人には手の届かない場所でしたが、ドローンが登

場して状況が変わりました。特に二〇〇グラム未満のドローンは、いくつかの規則を遵守して安全に配慮すれば、子どもたちも飛ばすことができます。宇宙につながる広大な上空をドローンで縦横無尽《じゅうおうむじん》に飛行できれば（と言っても、実際に飛行できる高度はせいぜい一〇メートルですが）、夢は広がり、日本が牽引《けんいん》する宇宙エレベーターの開発もより身近なものとして子どもたちの視野に入ってくるかもしれません。

早速、Tello（テロ）というトイドローン（小型のドローン）を五台購入して、わずかな時間でしたが、まずは教員に触れてもらいました。タブレットのアプリを使って操縦し、皆、童心に返って無邪気にドローンと戯れていました。その光景を見ていて、人類は太古の昔から空を飛びたいと願っていて、その夢をドローンによって叶えているかのように感じました。そして、子どもたちにとってもプログラミングを学ぶ最高の動機づけとなる教材だと感じました。

しかし私が在任中にできたのは、ここまででした。二〇一九年三月に辞職した私は、その授業実践を教員に託しました。

校長職を辞した後も、小金井《こがねい》市教育委員会のＩＣＴ教育補佐官として何度か前原小

教室でもドローンを飛ばす授業ができる。

を訪れましたが、ドローン飛行のプログラミングの授業を担当する五年生の教員は、まずはドローンとIchigoDakeとの接続に苦戦していました。タブレットのアプリではなく、IchigoJamBASICで作成したプログラムでドローンを飛ばすには、まずはドローンと通信で接続しなければなりません。最初は些細《ささい》なところでつまずいているのですが、素人にはバグ（プログラムの誤り）をなかなか特定することができません。難渋しますが、ちょっとしたきっかけでそこを乗り越えれば後は結構スムーズに接続できるようになりますし、何より子どもが教員を上回る技能を身につけていきます。

ドローンのプログラミングで自然環境にも敏感になる

IchigoJamBASICでプログラムしてドローンを飛ばしていると、プログラム通りに飛行しないことが多々出てきます。初めはプログラムが間違っているのではないかと何度も見直すのですが、バグはありません。

何度かトライしていると、ドローンが風で煽《あお》られました。そのとき、ドローンは機体が安定しないとプログラムを受けつけない設定になっていることを知りました。窓を閉めて実行すれば、ドローンはやっとプログラム通り飛行しました。

ところがです。私もドローンを購入し、自宅で飛行させてみました。一番シンプルな離陸と着陸のプログラムなのに、ドローンは和室からリビングへ移動して行ってしまうのです。何度やっても同じ。そこで場所を移動して実行したら、その場で離陸と着陸をしたのです。当然、窓は閉め切っていますが、心霊現象ではありません。室内で対流が起こっていたのです。和室に続くリビングの窓に日が差し室内が温められ、

ドローンを離着陸させる
最もシンプルなプログラム例

```
10　S="MJ　UDP　192.168.10.1　8889　"
20　?STR$(S);"command":WAIT60
30　?STR$(S);"takeoff":WAIT300
40　?STR$(S);"land":WAIT60
SAVE0（プログラムを保存します）
RUN（実行します）
```

空気が流れていたのです。小学校理科の空気の対流を調べる実験は線香で行うことが多いですが、ドローンでもできるかもしれません（笑）。

ドローン、まして二〇〇グラム以下のトイドローンは、気象条件をもろに受けやすいことから、プログラミングすることで自然環境に敏感になります。普段は気にもしない微風にも肌感覚が鋭く反応するようになります。プログラミングは五感を研ぎ澄ます効果ももっているのです。

ドローン飛行の安全性について考え、自分たちでルールづくり

自動車の運転には様々な交通規則が定められていますが、ドローンには左側飛行のような規則はありません。ですから、多くの機体が空間を飛び交えば、衝突事故が起きてしまいます。しかし、道路のように空間に白線を引くことはできないし、信号機の設置もできません。どうすれば良いのでしょうか。

そう、衝突の防止や危険な飛行などをめぐって、規則を自分たちでつくればいいのです。新しい技術の運用は既存の規則ではカバーできません。それならば自分たちが表現したいことを、安全に楽しく実現するための規則はどうあるべきかを考えるきっかけにするのです。

規則は絶対ではなく、人々の価値観の表れです。ドローンを使った授業は、子どもたちにこのことを気づかせる、大変魅力的な学習内容なのです。

実践事例4

六年生はアニメーションやゲーム制作にも挑戦

プログラミングが職業選択にも影響

私はこのドローン飛行を知る前までは、五年生からサイバー（バーチャル）空間でのプログラミングに移行しようと考えていました。つまりは、モニター上でテキストを打って、＊や@の記号などをアニメーション表示するプログラミングです。

でもこのドローンの学習教材としての価値を踏まえて、五年生にこのドローン飛行を位置づけ、当初考えていたサイバー空間でのプログラミングを六年生に移行することにしました。

このことで小学校では、全てIchigoJamBASICのプログラミングで学習が貫けるようになり、卒業までにIchigoJamBASICのプログラムをタイピングできるようになることを具体的な目標とすることが見えてきました。

小学校でBASICがある程度理解できれば、中学校ではウェブページなどで用いられるJavaScript（ジャバスクリプト）という言語でのプログラミングに移行できます。なぜならそのコマンドは、ほぼBASICと似ているので、発展が大いに期待できるのです。そして、JavaScriptが打てれば、将来本格的なプログラムに関わる仕事も視野に入るし、プログラマーにならなくともコンピュータに関わる様々な仕事が一層身近なものとなっていくのです。

つまり、小学校でIchigoJamBASICを学ぶことは、子どもたちのキャリア選択と形成に大きな財産をもたらすのです。

子どもたちにとってタイピングはかっこいい

前原小では二〇一八年度、低学年からの積み重ねがないところでサイバー空間でのプログラミングを行いました。私も教員もそして子どもたちも、とにかく初めてのテキストプログラミングです。

まず子どもたちはIchigoIgai（イチゴイガイ）スクールセットにIchigoDakeを差し込んで、プログラム入力できる準備をします。

IchigoIgai スクールセットで学ぶ子どもたち。慣れれば、小学生でもテキストプログラミングができるようになる。

いよいよテキスト入力です。このとき意外なことがわかりました。子どもたちにとって、「テキスト入力、タイピングはかっこいい!」のです。初めは特殊文字の入力に苦戦しますが、慣れてくればブロックやカードをドラッグ&ドロップするより、テキスト入力の方が手間がかからないことがわかってきます。こうなると、子どもたちはテキスト入力に自然と向かっていくのです。

たいてい最初は画面に「HELLO WORLD」を表示させるプログラムの入力が定番ですが、その文字がディスプレイに映し出されても、子どもたちにとって感動はありません。何より私自身が「？」でしたので、サンプルプログラム（次のページ）を示して入力させました。

入力が終われば保存して、RUN実行です。ディスプレイには階段状に並んだ「@」が現れます。これでも「だから何なんだ！」です。

そこで改めて「LOAD0」「LIST」と入力させ、先のプログラムを画面表示します。そして最終行に「60 GOTO20」というプログラムを書き加えて保存したら、RUN実行。すると、子どもたちは驚きの歓声をあげます。@の階段が無限に繰り返されるのですから！

子どものチャレンジをすかさず褒める

ここからは、いつものように「やってごらん」です。一つ一つを確認しなくても、プログラムの全体（イメージ）はつかめているのですから、子どもたちは、一人で、友だちと、グループでワイワイしながらプログラムを入力します。私が言わなくても、@の記号を勝手に変えて、プログラムを入力する子どもも出てきます。そうしたら、

@が階段状になって下から上へ流れる
アニメーションのプログラム例

```
LOAD0 （プログラムを読み出します）
LIST  （プログラムを表示します）
10 CLS（画面を全部消します）
20 PRINT "@"
30 PRINT "@@"
40 PRINT "@@@"
50 PRINT "@@@@"
60 GOTO20
SAVE0
RUN
```

すかさずそのチャレンジを褒めます。教員の指示の範囲に止まることなく、思いついたアイディアを試してみる意欲こそが、これからの社会に求められるコンピテンシーなのですから。

面白いプログラムで表現できれば、それを保存することを教えます。「SAVE0」です。

これでプログラムが保存でき、呼び出すプログラムも教えます。「LOAD0」で読み出し、「LIST」で画面表示できることを教えるのです。

「小学生はテキスト入力ができない」は大人の思い込み

ところが大人は、「子どもたちはキーボードのタイピングは難しくてできない」と思い込んでいます。テキストプログラミングの話になれば、皆一様にタイピングができないことをあげて、導入が難しいと訴えます。

でも違います。

子どもたちはゲームをして遊ぶので、キーボード操作は得意です。ローマ字入力ができないだけなのです。それは仕方ありません。練習していないのですから。

小学校に入ったら文字を習うのは、それが社会で生きるために絶対に必要だからです。これまでの社会においては、紙に文字を書いて自分の思いや考えを相手に伝えることがとても重要でした。でも子どもたちが大人になって、社会の第一線で活躍する時代には文字を書くのと同じに、テキスト入力で思いや考えを伝える技能がなければ社会では生きてはいけません。自明のことです。

IchigoJamBASICを自校のプログラミングの授業で取り扱えば、文字入力に触れる機会が増え、タイピング力と同時に英語の理解も深めることができます。新しい学習指導要領では、三年生から外国語活動が始まり、ローマ字学習もこれまで通り行うこととなっていますので、三年生は大きなターニングポイントだと考えています。

これからは、このローマ字によるテキスト入力のスキルは絶対に必要となります。だって大学入試の新テストはCBT（注1）へ移行して、記述式の解答もテキスト入力しなければならなくなります。CBTに対応できるタイピング力は子どもたちの受験や就職に大きな影響を及ぼすほどのリテラシーなのです。

ところが今、情報機器の導入と言えば、タブレット端末が主流となっているような気がしてなりません。子どもたちのタイピング力の育成を考えるならば、その機器の導入は当然キーボードつきのノートPCであるべきです。

学校は子どもたちの未来に責任をもつ教育を展開する場

学校の設置者（自治体など）が確かな時代認識のもと、子どもたちのタイピング力の育成・向上につながる情報端末の導入を選択することを祈るばかりです。

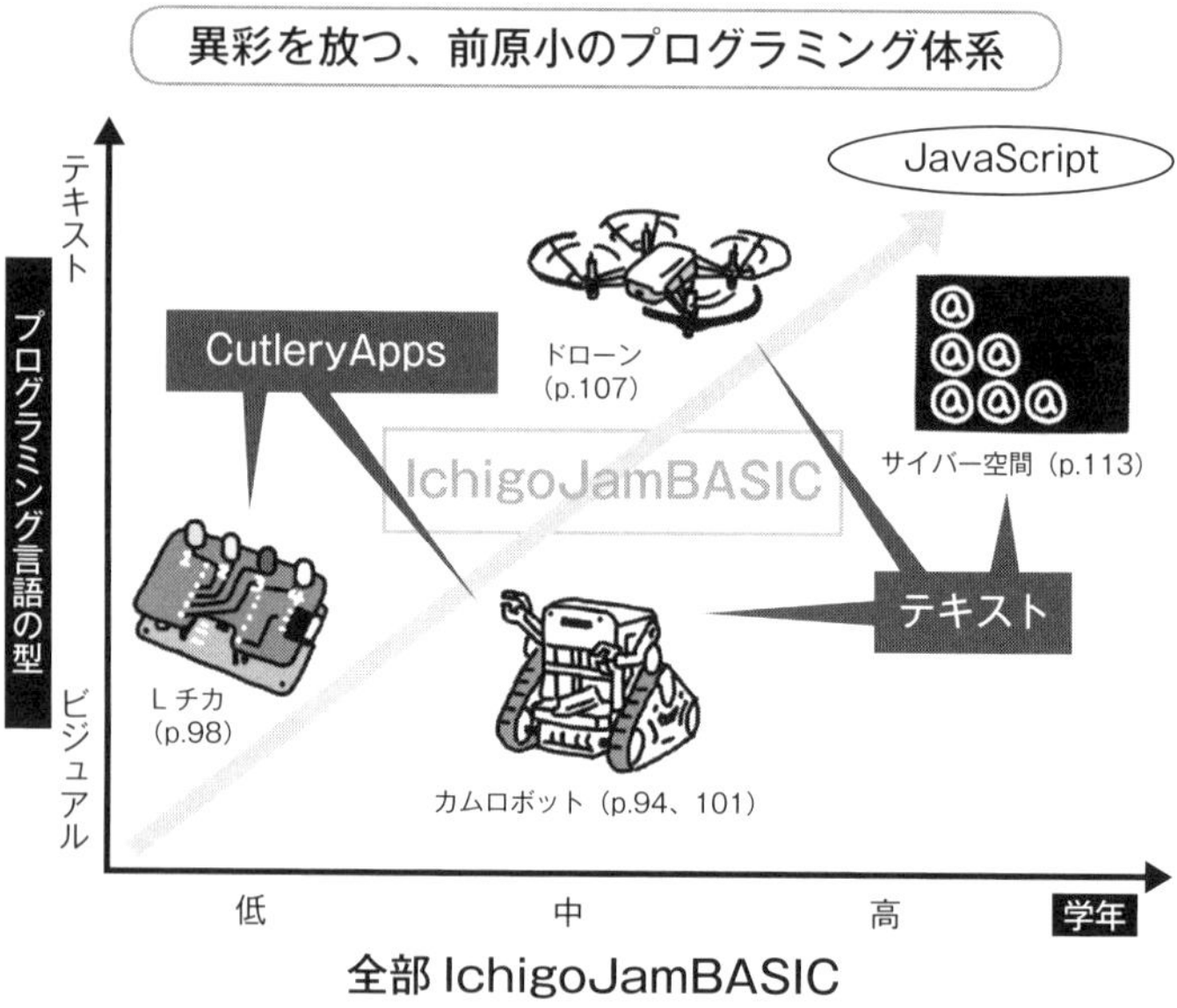

（注1）Computer Based Testing の略。コンピュータを使ったテスト形式で、キーボードやマウスを用いて解答を入力する。

第 5 章

ICTの活用で、教科の学習スタイルが激変

従来の一律・一斉の授業では、個人のペースや理解度に合わせる展開はできません。しかし、ＩＣＴを使えば、自分に合った問題を解き進めることができます。また、子どもたちのコメント共有もデジタルなら簡単。多様な意見があることが学べ、新たな気づきを生んで協働することもできます。まさに「アクティブラーニング」です。

「ICTはツール」と言う人が、積極的な活用を阻む元凶

学校現場ではよく「ICTはツールだから」という言葉を耳にします。ツールという言葉を発する人たちは、ICT活用を全面的に否定はしないけれど、「ツールなんだから、必要なときに適切に使う」というニュアンスを込めています。実はこの発言こそがICTの積極的な活用を阻害する元凶となっているのです。そのことを是非とも自覚してほしい……。

「ツール」発言する人たちの多くは、従来の授業のやり方でICTを使うことを思い浮かべます。先生が知識・技能を効果的・効率的に子どもたちに授けるためのICT活用です。しかしこれでは子どもたちに情報端末が行き渡ったとき、途方に暮れます――教員自身は教材提示にICTを活用したけれど、子どもたちの手元にあるデバイスをどうやって活用すれば良いのだろう？

そこですぐに思いつく活用が、算数などの教科の学習内容のコンテンツを活用した

基礎・基本の定着です。または、これまで模造紙などで行っていた発表をプレゼンツールに置き換える、ノートに図や表などを書いて考えを深めていた活動をデジタル教材の思考ツール（注1）などで行う、話し合い活動では資料を全員に配信するという感じです。

しかし残念ながら、従来の授業のやり方をベースに、これまで紙で行っていた活動をＩＣＴで置き換えるような活用では不十分です。

必要なのは、ＩＣＴをど真ん中において「個別最適化された学び」と「協働的な学び」の場をひらくことです。言い換えれば、子ども一人一人が自分の理解度とペースに合わせて学習でき、時に協力し合える学習環境を整え、子どもたち一人一人が自らの個性を磨く場としての授業をつくり出し、コンピテンシーを育んでいくことが大切なのです。

一回のサインオンで複数のコンテンツが利用可能だと便利

前原《まえはら》小学校では、NTTコミュニケーションズが提供する、まなびポケットという学習ポータルサイトを使って、このことに挑んできました。ポータルとは「玄関」とか「入り口」という意味で、まなびポケットは子どもたちの学びに有用なコンテンツサイトへアクセスするためのまさに玄関です。

まなびポケットには、後で詳しく述べる、やるKey（やるキー）やEnglishCentral（イングリッシュセントラル）など、子どもたちの学びの個別最適化に役立つ多数のコンテンツにリンクが貼られ、まなびポケットにアクセスしさえすれば、それぞれのコンテンツが活用できます。

前原小があそこまでICTを積極的に活用した授業実践ができたのは、まなびポケットの存在抜きには考えられません。なぜなら、複数のコンテンツを一回のサインオン（シングルサインオン）で活用できるからです。これまでのように、授業で使用するコンテンツが複数あっても、その都度ＩＤとパスワードを入力する必要はありません。ＩＣＴ活用が日常的になればなるほど、シングルサインオンはめちゃくちゃ便利だと実感するはずです。

まなびポケットを利用するには登録が必要ですが、無料です。コンテンツを利用するには料金がかかりますが、二〇二〇年の春頃には「まなホーダイ」というプランが設定されます。それに加入すればプランに含まれるコンテンツを自由に使うことができるようになります。これは利用者である私たちが待ち望んだプランです。

従来は、教育委員会がＩＣＴ導入時にベンダー（販売業者）と契約した仕様にあるコンテンツしか利用できなかったものが、まなびポケットを利用すれば「まなホーダイ」プランに限られるものの、教員や子どもたちが活用したいコンテンツをかなりの自由度で選択できるようになるのです。活用したい場面の特性によって、利用したいコンテンツがあります。そんな現場の細かなニーズに応えようというのが、まなびポケットの思想なのです。

そして、それぞれのコンテンツにシングルサインオンできるということは、それが

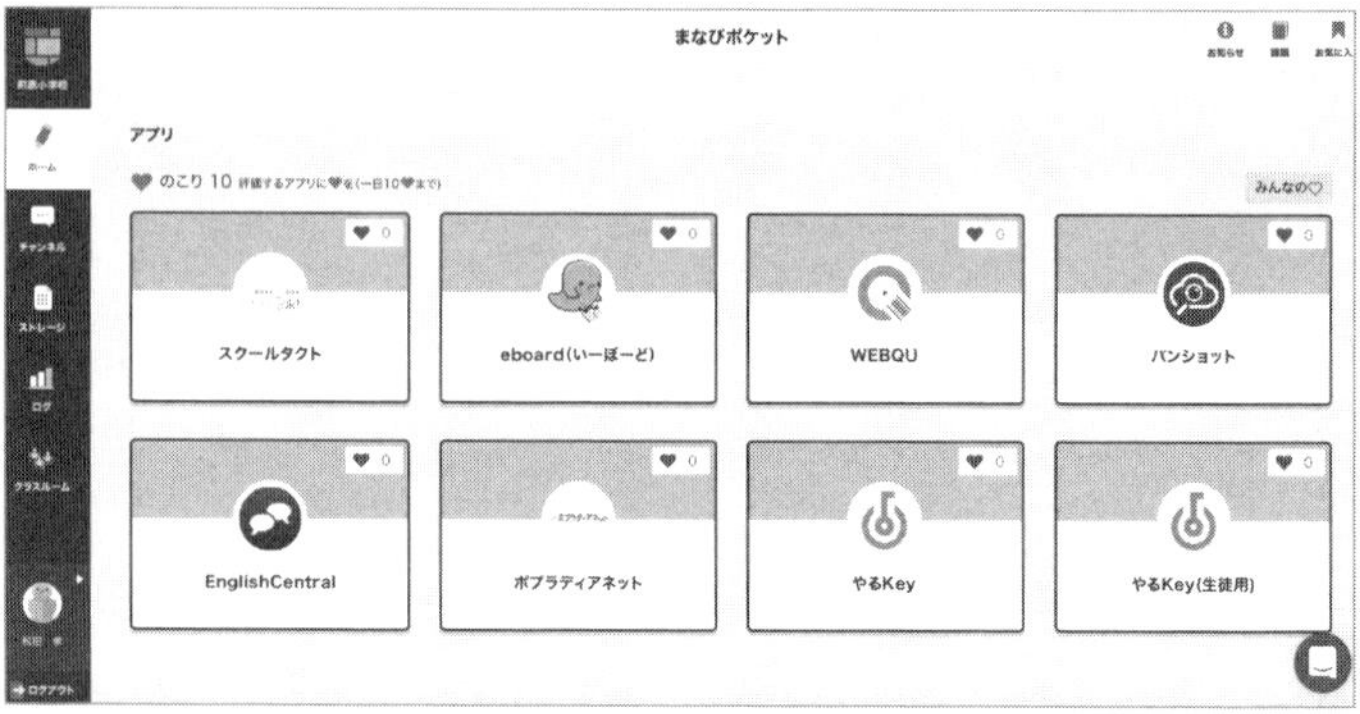

まなびポケットの画面の例。前原小の快進撃は、このサービスがあったからこそ実現できた。

全てＩＤ連携できているということであり、子どもたちの学習記録が一元的に把握できるということです。

前原小は二〇一八年度、正式リリースの前に活用させていただいたため、使えたコンテンツはわずか五つしかありませんでした。しかしそれでも、子どもたちの個性的な学びを磨くのに十分な環境であったと感じています。この環境がなければ、前原小はあそこまでＩＣＴを活用できませんでした。情報端末があっても、それを活用するにはコンテンツが必要で、その環境をまなびポケットは当たり前に提供してくれたのです。このまなびポケットを活用するからこそ、ＩＣＴをど真ん中においた学びが推進できると言っても過言ではありません。

ＩＣＴで授業が変わる１

一人一人の理解とペースに合わせて学習

一律・一斉の授業では個人の理解に合わせられない

次のページに一枚の写真があります。これは一体何の授業風景なのか、おわかりになりますか？

机の配置がバラバラです。一人でパソコンに向かっている子どももいれば、友だちと話し合っている子どももいます。教室の前方、黒板の前には机が六、七台まとまって島のような状態となっているのがおわかりになるでしょうか。よく見るとその先には、教員がいて何やら子どもに説明しているようです。

これは三年生の算数の授業。まなびポケットにリンクが貼られている算数のドリルコンテンツ、やるkeyを活用して子どもたちがそれぞれの理解とペースで、その日のめあてを踏まえて、学習内容をまさに個別に、そして個性的に学んでいる授業なのです。教室の前方に島のような状態となっているのは、本時の学習内容の理解がまま

やる keyを使った授業風景。1人で進める、友だちと解き合う、教員に教えてもらう。学び方は人それぞれ。

ならない子どもたちが、自ら進んで教員の周りに集まって、考え方や解き方を教えてもらっているのです。教員は学習記録を見ながら一人一人の進捗を確認したり、多くの子どもたちがつまずきやすい内容については、全体で考え合う場を設定したりもします。

やるKeyは、三年生以上の算数の学習内容に準拠したドリル問題コンテンツです。教科書の学習単元ごとにドリル問題が用意され、子どもたちの習熟度に合わせて問題が配信されます。教員は子どもたち一人一人の理解度や学習状況を確認することができ、その状況に応じた支援が可能となります。子どもたちに対しては問題を解くと「がんばりコイン」を獲得でき、全問正解すればトロフィーが表示されたり、学習意欲が喚起される仕組みもつくられたりしています。

これまでこのようなドリル教材は、教員が子どもたちに学習内容を一律・一斉に教えて、その理解の定着のために活用されるのが一般的でした。教科書の記述に従って内容を教え、教科書に掲載されている問題を早く解けた子どもからドリル問題に取りかかるよう指示するのです。

しかし前原小では、このような考え方とは明らかに違う学び方を、この算数のやるKeyを活用して編み出していきました。新しい学びのスタイルに絶対的な正解やモデルはありません。しかし前原小の教員は、日頃から一人一台のＩＣＴ環境で新しい学びづくりにチャレンジしていましたから、このときも、やるKeyの活用をめぐって様々なアイディアがふつふつと沸き立っていたのでしょう。

私が校内の様子を見て回っていると、三年生の教室の授業の雰囲気が明らかに違っていました。それが先ほどの写真の取り組みです。アナログ環境下では絶対にできない授業ですし、従来のやり方を前提にしたＩＣＴ活用からも思いつかない授業です。

従来の授業では、平均的な理解よりも少し遅めに進める

アナログ環境が学びの前提であった時代に考案された一律・一斉授業では、子どもたちの習熟の違いがある中、教員は時間にして平均的な理解よりも少し遅めのペースで授業を展開していきました。これは多くの教員にとって経験的に合意できることだと思います。

しかしこれでは当然、理解の早い子どもにはつまらない授業になるだろうし、理解の遅い子どもだって結局はわからないまま学習が進んでしまい、結果つまらないものとなることは誰が考えても明らかです。

しかし、アナログ環境の学びにおいて一人一人の理解のペースに合わせて教材などを準備できるはずがなく、仕方ないけれどこのような方法をとっていました（と言うより、これが最良の方法だと考えられていたのです）。

一方、デジタルコンテンツはその子どもの理解に合わせた問題を配信し、つまずき

を克服できるよう設計されています。だったらその機能を最大限に生かして、それを授業展開の中に組み込んでしまえば良いのですが、これまでの算数の教科教育研究が築き上げた指導方法の完成度の高さが、そこへのチャレンジを阻んできました。そんな状況にあって、前原小の教員はそれに怯《ひる》むことなく挑んだのです。

すごい。本当にすごい勇気だと思います。

教員が教えない授業に大人たちは困惑

しかし、このような授業を他校の教員が見ても絶対に肯定はしませんし、保護者が見たら心配でたまらなくなるでしょう。理由は、集中しているがゆえに、子どもたちは黙々とコンピュータに向かっているからです。

「先生が丁寧に教えてくれるから、子どもはわかったと言っています」

「先生にしっかりと教えてほしい」

といった声がすぐにあがってきます。デジタルの無機質さよりも現実の関わりの温かさが好ましいと考えるから、このような発言が生じてくるのだと思います。いやそれ以上に、「先生は教えるのが仕事」「授業は先生に教わったことをしっかりと理解するためのもの」という授業観が、教員や保護者に刷り込まれてしまっているのです。囲碁や将棋の番組では、対局を盤上解説していますが、同様にICTをど真ん中においた授業で起こっている意味や意義、その学習についてはしっかりと説明して理解を得る必要があります。これを欠くと、ただでさえデジタル嫌いの方々の声は大きいので、大変なことになってしまいます。とても残念でたまりません。

しかし従来のように教員が教えたことを理解する学習、また自力解決と言いながらすでに解き方を知っている子どもの考え方を聞いたりする学習と、一人一人が自分の状況に見合った問題に向き合えるように個別化された学習を比較すれば、どちらが「やり抜く力（グリット力）」や「自己調整力」を育むことができるかは自ずと明らかです。

今回の事例で言えば、学習のめあてに向かって、やるkeyが配信する問題に自分の理解とペースで取り組み、わからないときには教科書を読み返したり、友だちに聞いたりします。どうしてもわからず嫌になってしまいそうなときには、教員にヒントをもらったり、解法を教えてもらったりして、粘り強く学習を進めても良いのです。

教員が教えない授業、従来の授業とは全く違う学びの姿に、最初は困惑するかもしれませんが、その学びの本質をしっかりと理解して、子どもたちがSociety 5.0を主体的に生きていく必要な資質・能力を育んでいく学びの場をひらいていかなければなりません。

目指すは個別に最適化された学びであり、さらにはその過程で粘り強い取り組みや自己の学習を調整する力を育むことにあるのだ、ということを忘れないでほしいと思います。

ICTで授業が変わる2
英語のインプット、アウトプット量が増加

従来の小学校英語の授業は、英語を話す機会が少ない

やるKeyと並んで個別最適化された学びを推進するのに絶好なコンテンツが、ま

なびポケットにはあります。それがEnglishCentralです。

これまで学校での外国語の授業は、教科ではなく「外国語活動」としての位置づけで文科省が発行する副読本などをもとに進められてきました。そしてＡＬＴ（注２）と言って、ネイティブの外国人がアシスタントとして授業に入り、主に単語の発音や会話の場面で授業をサポートしてきました。多くの自治体は毎年このＡＬＴにかかる予算を確保し、民間の派遣会社と委託契約を結びます。学校への派遣の回数は自治体の予算規模によって様々ですが、小金井《こがねい》市では月三回程度、年間にして三十回ほど子どもたちがネイティブの発音に触れられるようになっていました（ただ三十回と言っても、前原小の三年生以上は十一学級あったため、一学級あたりにすれば十五回ほどです）。

私はこのＡＬＴの派遣の回数を減らすよう指示しました。それはEnglishCentralを活用して、もっともっと子どもたちがスピーキング（発話）する機会を増やしたいと思ったからです。

一見、ＡＬＴが教室にいた方がスピーキングの機会が増えるように感じられるかもしれませんが、そんなことはありません。ＡＬＴがいたって、授業をメインに進行するのは担任の教員であることに変わりありません。そこで行われている授業は副読本に掲載された単語や短い文章を子どもたちに喋《しゃべ》らせているだけです。ＡＬＴはネイティブとして、発音のお手本を子どもたちに聞かせます。四十五分の一単位時間に子ども一人あたりが発話する回数は驚くほど少ないのです。

授業の展開として見たとき、少なくとも私が見てきた外国語活動は、他教科の授業よりも一律・一斉です。Society 5.0を主体的に生きるために導入された外国語ですが、それが従来の授業よりも、技能の習得を目指した工業化社会向けの授業となっているとは、何と皮肉なことでしょう。

生きた英語を聞かせ、英単語のタイピングもさせる

EnglishCentralは、オンライン英会話と英語学習の総合学習のウェブコンテンツです。動画を使った事前の予習が初めにあり、それを終了するとオンライン英会話に進むことができる仕組みとなっています。動画は一万本以上も収録されていて、スポーツ、映画、文化などに分類された動画と学習者の発音などのスキル向上のための動画

があります。

ただ一万本もある動画の中から、そこにキッズカテゴリーがあっても、外国語活動の目的に見合う動画を探し出す時間は現場の教員にはありません。そこで社長の松村《まつむら》弘典《ひろふみ》氏にお願いをして、文科省が作成した副読本の内容に準拠しそうな動画を単元ごとに数本ずつピックアップしてもらいました。それを子どもたちが学ぶ学習用コースとして登録して、実施にこぎつけたのです。二〇一九年の段階では、外国語の四冊の副読本のユニットごとに四～五本の動画をまとめて学習用コースとして登録できるようになっています。

この学習用コースがあれば、子どもたちは算数のやるKey同様に、個別に学習を進めていくことができます。学習用コースの動画は通常のEnglishCentralと同様、次の三つの内容で構成されています。

一つはリスニング。子どもたちは約三十秒から九十秒の動画を外国語の音声とともに視聴します。まずは子どもたちに生きた英語を聞く体験をさせるのです。

この動画視聴では、映像と音声とともに外国語の字幕も映し出されますが、日本語訳を同時に表示させたり、字幕なしで視聴したりすることもできます。

次にライティングです。動画を視聴していくと、主要な英単語をタイピング入力するよう求められます。最初は子どもにとって難易度の高い活動ですが、何度も繰り返していけば驚くほど上達します。

英語の四技能を小学生のうちからしっかり育てる

そして、EnglishCentral最大のウリであるスピーキングです。視聴した動画のフレーズをマイクに向かって発話するのです。EnglishCentralは、音声認識の技術を使って、子どもたちの発話の発音と流暢《りゅうちょう》さをリアルタイムで採点してくれます。点数は０から１００で、合格レベルは緑、黄色はもう少し、赤は練習が必要というように視覚的にも子どもの発話レベルがわかるように工夫されています。赤表示されたフレーズはネイティブの発話と子どもたちの発話を比較して聞かせ、再度チャレンジするよう求めてきます。

動画を視聴して発話を重ねていけば、子どもたち一人一人の発音で得意な音と苦手な音が表示され、その発音を個別に練習することもできます。ですからEnglishCentralを活用した授業を積み重ねていけば、驚くほど子どもたちの発音が綺麗《きれい》になっていくのです。

授業の最後の五分間は、子どもたちに好きな動画を視聴させます。キッズ用には限定しません。サッカーの動画を視聴したり、パソコンが得意な子はジョブズ（注3）の演説を視聴したり。自分の興味ある動画を視聴しながら生の英語に触れ、英単語がわからなくても文脈に即してその意味を予測したりして、またそこに関わって文化を感じ取れるところがこのコンテンツの最大の魅力なのだと感じています。

昨今検討されている教育改革のうち、最も注目を集めている大学入試改革ですが、大学共通テストの英語では、これまでの「読む、聞く」に加え、「書く、話す」ことが試されるようになります。ＩＣＴを使えば、全国どこでも、小学生の段階から、この英語の四技能を育てることができるのです。

こうして一人一人の理解とスピードで動画を視聴し、活動に取り組んだら、全体でアクティビティを行ったりもできます。その時間に学んだ主要フレーズを実際のコ

パソコンに向かって英語を話す子どもたち。通常の小学校英語の授業よりも話す量が多い。

ミュニケーションで使ってみるのです。

普段からコンピュータに向かって英語を話しているため、実際の会話場面でも子どもたちは前向きです。

「What fruit do you like?」

「Grapefruit.」

「Me, too.」

「Thank you.」

そのアクティビティの時間に教室を覗《のぞ》いてみましたが、子どもたちはたちまち寄ってきて臆面もなく私に英語で話しかけてきたのを覚えています。

コンピュータ相手だと、英語を話すのも恥ずかしくない

子どもたちがコンピュータを介して会話をすることの良さを、教員が次のように語っていました（一部表記を改めました）。

「対人だと恥ずかしくて発話できないが、パソコンに向かって喋るのは抵抗が少ない。日本人は英語の発音に対してすごく恥ずかしいという感情を抱いている。また、子どもたちは聞いたままをそのまま発話するので、音が落ちているところとかリンクしてつながっているようなところも、自然に聞いた通り発音できるようになり、カタカナ読みにならないのでいい」

この教員が言う通り、子どもの発話は私が聞いていても綺麗だなと感じることが多々ありました。また、前原小のＩＣＴ教育のＴＶ取材に応えた子どもは次のように言っていました。

「自分がどれぐらいできているのかがわかったり、会話を比較したりできるところがいいところ」

子どもたちにとって、ネイティブの発音との比較機能は当たり前なのです。その機能を活用して、子どもたちは発音が上手になり、それが自信となってコミュニケーションがより活性化していくのです。

こんなこともありました。

初めてEnglishCentralを活用した外国語活動の授業をしたとき、放課後に担任と一緒にクラウドに保存された子どもたちの発話を聞いていて、鳥肌が立ちました。なぜなら、これまで学校の授業では声を発することができなかった子どもが、コンピュータに向かって発話していたのです！

その事実と驚きは、コンピュータの利活用は様々なニーズのある子どもの学習を保障することに通じるという確信へとつながっていきました。

「学校で教わり、家で宿題」という考え方が変わる

ＩＣＴを活用した新しい学びの具体として、算数のやるkeyと外国語のEnglishCentralによって個別最適化された学びの様子を紹介してきましたが、これらはウェブコンテンツですから、教室での学びを家庭でも継続できるのです。であれば、もはや宿題という概念はいらない、とお思いになりませんか？

最近、夏前になると「夏休みの宿題」についての取材申し込みがあります。発端は、宿題なんかいらないとNewsPicks（ニューズピックス）というメディアに書き込んでいたのがきっかけで、ハフポストからインタビューを受けたことによります（注４）。

そう考えるに至った経緯は、やるKeyの実践にその源があります。やるKeyはＩＤさえあれば、学習を学校でなくても家庭でも行うことができます。これは何も、やるKeyだけでなく他のコンテンツも同じです。そして教員は、子どもたちの学びの履歴を確認できます。

いつでも好きなだけ学習できる設定にしておけば、意欲ある子どもたちは家庭でも

どんどん問題を解いて学びを進めていきます。このことをやるKeyの学習履歴で確認できたとき、「あーそうなんだ、子どもたちの学びにおいて、別に学校が主である必要なんてないんだ」ということを私は認識させられたのです。

先のインタビューでは、学校が学びの主で家庭がその従ではなく、同じなんだということを伝えたかったのです。同じであれば何も宿題という概念はいらない、そういうことです。

余談ですが、何気なくウェブサイトを閲覧していたとき、このインタビュー記事が大学入試の問題となっていたことを知りました（注5）。小論文の問題でしたが、この記事を読んで受験生はどう論じたのでしょうか。

ICTで授業が変わる3

アイディアの共有、一覧が簡単

全員のコメントをリアルタイムで共有できる

子どもたちの個性的な学びを磨くためには、協働的な学びの場をひらくことが必須です。なぜなら個性は磨かれることによって輝くからです。授業において協働的な学びを支援するシステム（協働学習支援システム）は、いくつかの会社が開発していますが、前原小では後藤《ごとう》正樹《まさき》氏（株式会社コードタクト代表取締役）が開発したschoolTakt（スクールタクト）を採用しました。協働学習支援システムの一番の特徴は、子どもたちが綴《つづ》った感想や考えを一覧にして共有できることにありますが、schoolTaktのリアルタイム性は極めて秀逸で、他のシステムでは実現できない技術的優位性があります。

schoolTaktの最もシンプルな使い方は、白紙の課題シートを配信しておき、授業の最後に感想を記述させることです。

ログインして先生から配信された課題シートをタップすれば、「キャンバス」と呼ばれる白い画面が現れます。キャンバスの左側にある「パレット」には、テキスト文字・手書き入力、図形描画、画像挿入などのツールパレットが並んでいます。子どもたちは、これらのツールを使って自分自身の感想や考えをキャンバスに記述していきます。

アナログ環境下の授業で子どもたちに意見や感想をノートに書かせれば、全体の進行に子どもが合わせなければいけません。しかしschoolTaktの一覧共有機能を活用すれば、早く記述が終わった子どもは友だちの考えを閲覧できますし、考えがまとまらない子どもは友だちの考えを参考にすることができます。まさに一人一人の状況に対応した活動が展開できるのです。

schoolTaktの一覧共有画面では、友だちの感想や考えに対して、コメントを送ることもできます。「そうだね」と同意したり、わからないことがあったりすれば「○○ってどういうこと？」などと、情報や意見の交換ができるのです。さらにその感想や考えに共感や同意ができれば、「いいね」ボタンを押すことができます。

「いいね」やコメントから、多様な見方・考え方を学ぶ

さらに絞り込みという機能で「キーワード」を選択すれば、子どもたちがキャンバスに記述した文字情報をテキストマイニング（注6）することができます。頻繁に使用される単語が中心に大きく表示され、周辺にいくほど使用頻度は少なくなります。

授業の最後に子どもたちに感想を記述させ、次の時間にその課題シートをひらきテキストマイニングすれば、子どもたちの学習内容に対する理解の様子や意識がどこに向いているのかを単語の大きさで把握することができます。

また、少数派だった単語がどんな文脈で使用されているかを考えてみることで、多様な考え方を尊重できますし、実際にその記述を読むこともできます。

一覧画面では、子どもたちそれぞれの考えや意見につけられたコメント数や「いいね」数の多い順に並べ替える機能もあります。

「いいね」が押された数によってシートを並べ替えれば、深い学びに誘うことができ

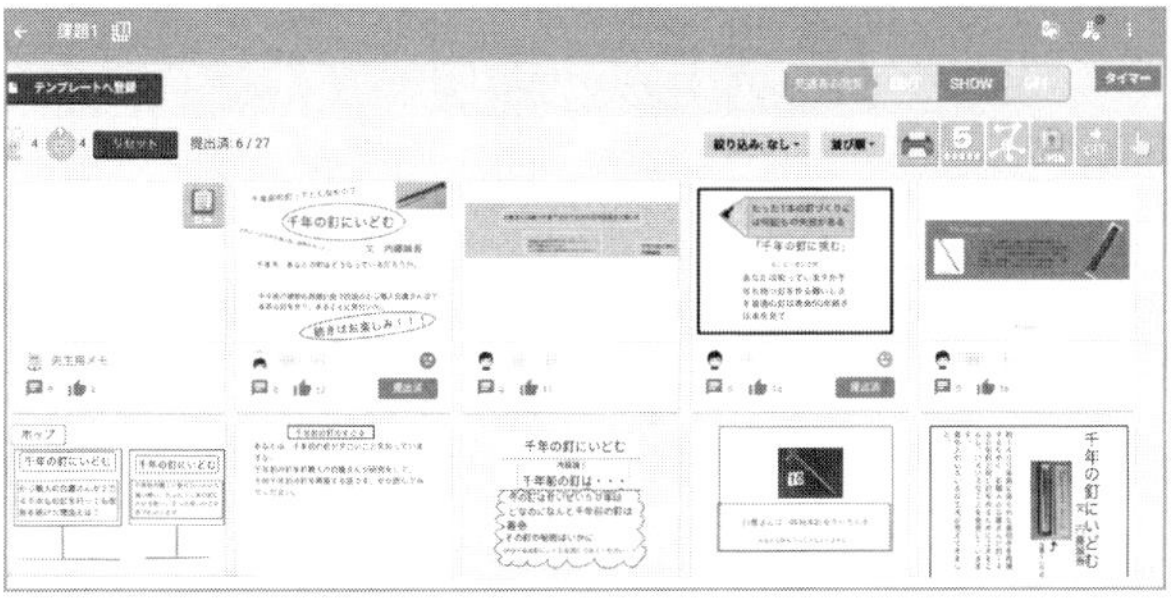

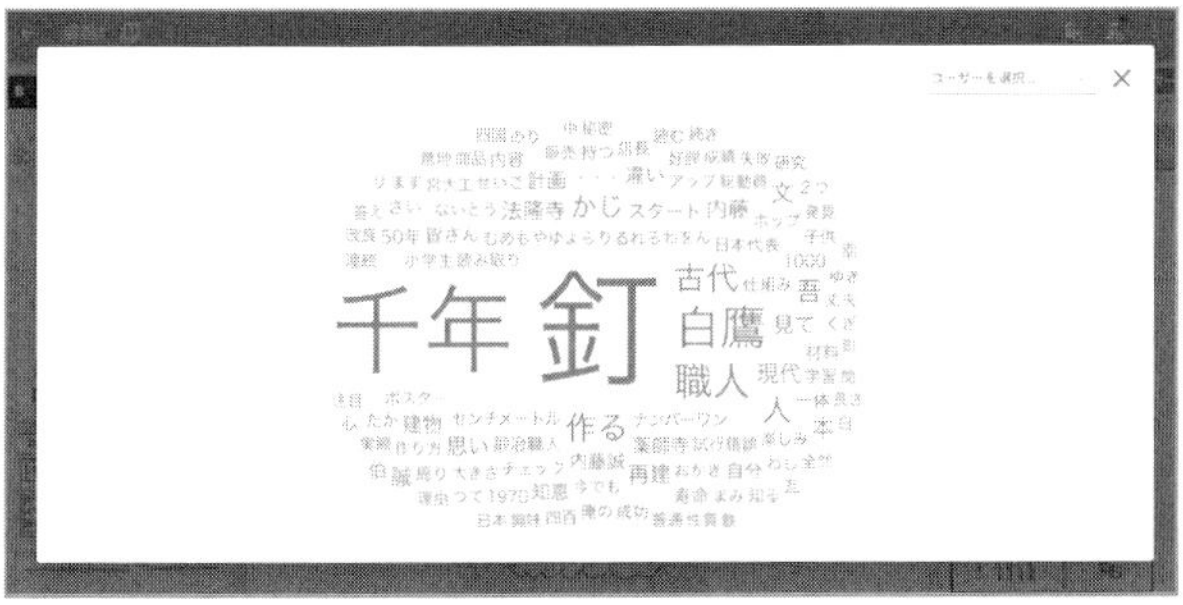

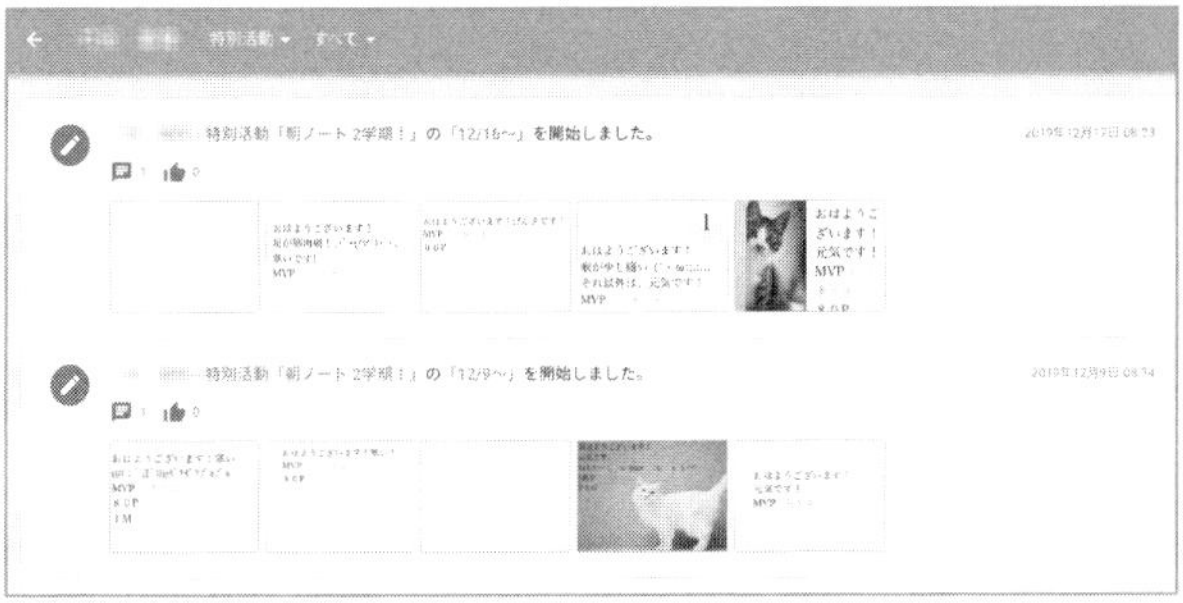

上から、schoolTakt で一覧共有したときの画面、テキストマイニングしたときの画面、ポートフォリオ機能の画面の例。

ます。「いいね」を押すということは、その記述に対して共感や同意があったり、もしかすると驚きがあったりしたのかもしれません。「なぜ、この記述に『いいね』が多いのか？」を問うことで、「いいね」の基準、つまりは「いいね」を押した子どもたちの「見方・考え方」を引き出すことができるのです。

私のこれまでの経験では、ここで直接に理由を尋ね、口頭での返答を期待しても反応は芳《かんば》しくありません。ですから、新たなキャンバスに一人一人理由を書かせます。これまでの授業で、メタ認知を問われることなんかなかったのですから、いきなり直接の対話でそれを要求されても、答えられるはずがありません。大人の研修会でも同様です。

ここまでの活動で、子どもたちは友だちの感想や意見をしっかりと読み、それぞれに「見方・考え方」があり、そこにはいくつかの同じような意見やそうでない意見があることに気づきます。そこで同じような「見方・考え方」の子どもたちがグループとなって、さらなる内容理解につながる活動の場を設定し、協働を生み出します。

この活動が探究のスタートとなり、子どもたち一人一人の個性的な学びを磨くアク

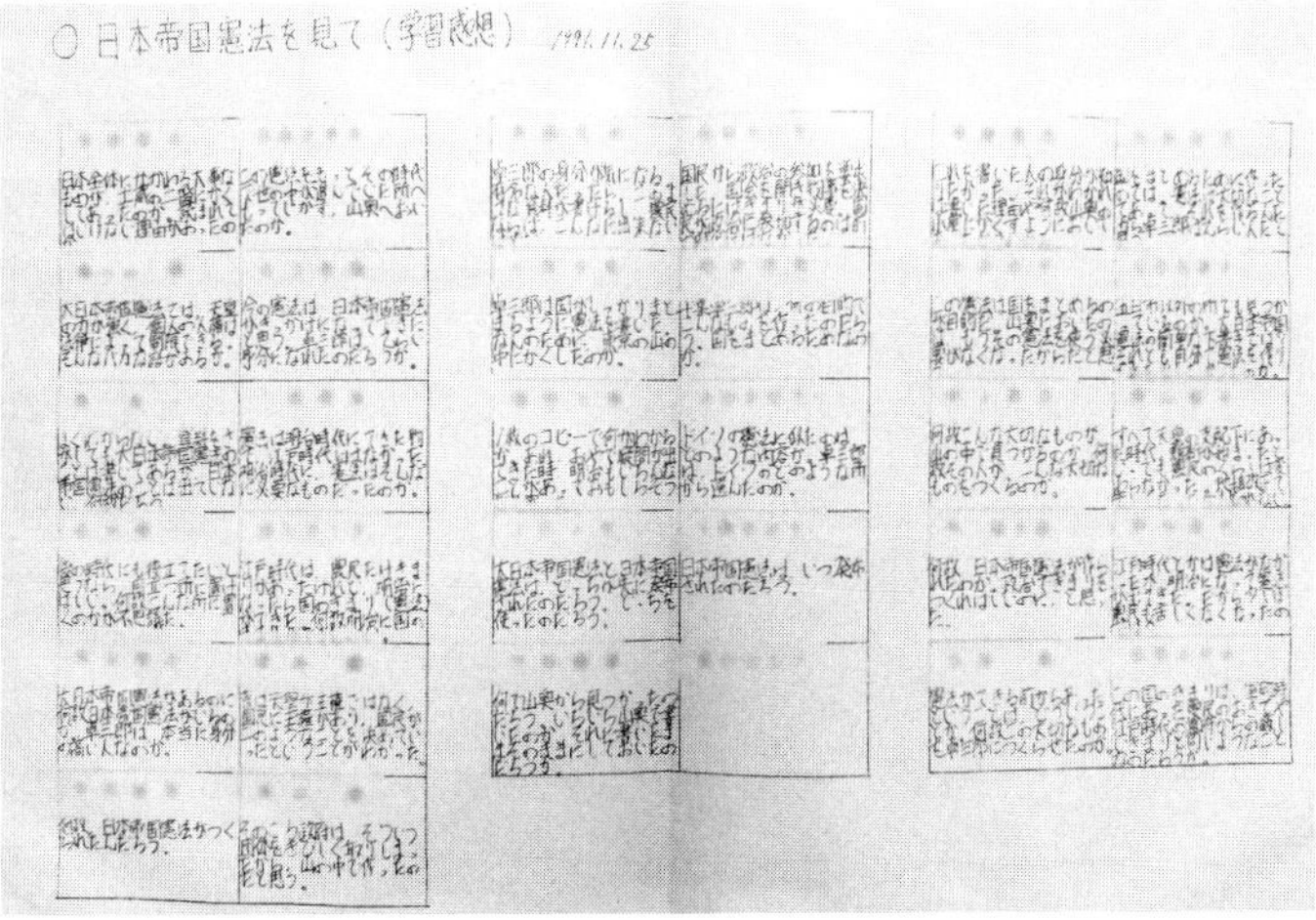
○日本帝国憲法を見て（学習感想）　1991.11.25

筆者が子どもの意見を書き写した座席表。30年前はこのような方法でしか意見共有ができなかった（涙）。

ティブラーニングとなっていくのです。

ICT活用で、授業準備にかかる教員の手間と労力が減る

これまでアナログ環境のもとで学習を進めてきた時代、先に述べたことと同じことをしようとすれば大変な手間と労力が必要でした。

私が学級担任だった頃、子どもたち一人一人の考えを共有するために、授業終了後ノートを集め、それを読んで改めて印刷用の原稿用紙にレイアウトした座席表に全て手書きで書き写していました。当然、誤字脱字、意味がよ

く通らないときは意訳をしました。そして、それを印刷して、翌日授業の際に配布し、まずはそれを子どもたちに読ませてから学習に入ります。

ここまでの手間、そして時間の経過を考えるだけで、この一覧機能がどれほど優れているかが、おわかりいただけるのではないかと思います。

自分の書いた感想を見直して、自分を客観的に評価する

schoolTaktには「ポートフォリオ機能」があって、学習単元での振り返りができます。子どもたち一人一人が毎時間綴った感想を、今度は自分の感想だけを一覧にして見直すことができるのです。この活動こそがメタ認知活動であり、これを通して獲得できる力が「自己調整力」なのだと考えます。

そして、子どもたち一人一人が自身の活動を振り返った内容に、教員が「そうだね」とか「大変だったね」などと肯定的なコメントを返してあげることで、子どもたちの自己肯定感や学習意欲は一層高まります。教員との信頼関係も構築されていきます。

初めは「楽しかった」「面白かった」「つまらなかった」などの単なる感情の記入に

すぎなかった感想が、それを継続して積み重ねることでそこに理由が加えられ、さらには自分の主張を丁寧に綴ってくる子どもも出てきます。このような感想や考えがきっかけとなって、学級全体の活動がさらに充実したものになっていくのです。

（注1）ベン図など、情報を整理し、考えを深めるために用いられる図。
（注2）Assistant Language Teacher の略。外国語指導助手と訳される。
（注3）スティーブ・ジョブズ。アップルの共同創業者。
（注4）ハフポスト『「夏休みの宿題はいらない」公立小学校の現役校長が変えたい〝昭和的な〟教育』
（注5）平成三〇年度、山梨大学教育学部学校教育課程言語コースの推薦入試。
（注6）自然言語の解析手法などを使って、大量の文字情報から有用な知見を見出すこと。

第 6 章

クラウドでクラスの関係づくりも激変

ICT 活用は、いじめ、不登校、特別支援などの教育課題への対応にも新しい活路をひらきます。WEBQU というウェブの心理検査は、クラスや集団での子どもの状況を迅速に「見える化」します。そして、「朝ノート」の実践が子どもたちの関係性を改善し、従来の集団づくりとは違ったアプローチの可能性を示しました。

学校現場でも求められるデータのクラウド化

二〇二〇年四月から全面実施となる新しい学習指導要領では、「情報活用能力」が子どもたちの学習の基盤となる資質・能力の一つであると明記されました。これを受けて各自治体はＩＣＴ環境整備のための予算確保とシステム構築・機器購入に動き出しました。

そしてこのような教育現場における新しいＩＣＴ活用の大前提となるのが、「クラウド・バイ・デフォルト」です。文科省はクラウドを活用して子どもたちの新しい学びを実現するとともに、クラウドに集積されたビッグデータを分析して、新しい知見を生み出そうとしています（「新時代の学びを支える先端技術活用推進方策」）。

「クラウド」とは、インターネットでつながった先にある様々なサービスを提供するコンピュータのことです。クラウドを活用すれば、そこにデータを保存したり、自分のパソコンにソフトウェアをインストールしないでも必要なときにそのサービスを利用できたりします。そのクラウド活用が「デフォルト」、つまり「標準」や「普通」なのです。

ところで皆さんは、クラウドを使ったことがありますか？　スマホの機種変更の際に「データのバックアップはお済みですか？」などと聞かれたことはありませんか？　私はそう尋ねられて、「えっ？」と違和感を覚えたことがあります。なぜなら自分のスマホ本体にデータはないからです。データは全部グーグルドライブに保存されています。これはグーグルが提供するオンラインの倉庫のようなものです。この原稿だって、グーグルドキュメントという文書作成ツールで書いていますから、端末にデータを保存してあるわけではありません。

教育関連では、例えばグーグルは「G-Suite for Education」というクラウドサービスを提供しています。教育機関が登録すれば、子どもたちと教員一人一人にＩＤを発行してくれます。そのＩＤがあればグーグルの提供する文書作成ツールや表計算、プレゼンツールなどが使い放題になるだけでなく、データ保存の容量が無制限となります。学校では子どもたちの活動の様子を写真や動画に記録することがたくさんありますが、それを無制限で保存できてしまうのですから、使わない手はありません。

個人情報の入ったUSBメモリをもち出す必要がなくなる

しかし現在、多くの学校ではこのようなクラウドサービスを利用できません。なぜなら設置者（自治体など）が、インターネットにつながらないローカルのコンピュータにしかデータ保存できない決まりを設けているからです。重要な情報の盗用、漏洩《ろうえい》、削除などの危険に対して漠然とした不安を抱いているのです。そして、この規則が学校現場でのICT活用を大きく阻んでいる最大の理由となっています。

ところが今は技術革新によるセキュリティ水準は向上して、認証を得たクラウドサービスは強固なセキュリティ機能を有しています。文科省は「クラウド・バイ・デフォルト」の原則にのっとり、これまでの情報セキュリティポリシーの見直しを早急に行っていくと宣言しました。そうでなくては、ただでさえICT活用については世界から遅れをとっている日本が、さらに後退していってしまいます。ＩＣＴ活用は、クラウドコンピューティングが当たり前の時代へと急速に移り変わっているのです。

クラウドの活用によって、教員も守られることになります。時々、教員が個人情報の入ったＵＳＢメモリを紛失して処分されるといったニュースを目にします。クラウドに保存さえしてあれば、記録メディアをもち出す必要はなく、紛失して処分されるリスクも減らせるのです。

クラスの状況を統計的に「見える化」

これまで授業改善や基礎的・基本的な内容の定着を支援するデジタルコンテンツは数多く開発されてきましたが、今の最重要教育課題である「いじめ、不登校、特別支援」などの対応を支援するデジタルコンテンツはありませんでした。しかしこの生活支援に関わる分野でも、クラウドサービスを活用する動きが始まったのです。それが

ＷＥＢＱＵ（ウェブキューユー）です。ＷＥＢＱＵはクラウドを前提とし、河村研究室に蓄積された学級集団に関するビックデータを活用し、教員の学級経営をサポートするサービスです。

これは早稲田大学大学院教授の河村茂雄《かわむらしげお》氏が開発した心理検査で、その原型はＱ－Ｕと呼ばれる紙でのサービスにあります（注1）。いじめや不登校、そしてインクルーシブ教育の推進が大きな教育課題となっている今、Ｑ－Ｕはその解決への糸口になるものとして全国の学校で採用され、年間五百五十万部を超えて活用されているのです。

この心理検査の最大の特徴は、子どもたちの学級満足度を「先生や他の子から自分が認められているか（承認得点）」と「いじめや不快な言動を受けているか（被侵害得点）」の二つの尺度で、クラスにおける子どもの状況をグラフ上に「見える化」できることにあります。そして、クラス全員の点の散らばり具合から、クラス全体の状況も把握できるのです。

Q－Uでわかるクラスの状況（6つの種類）

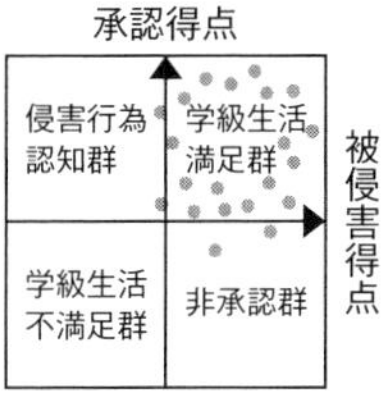

1. 親和型
クラス内でルールが守られ、子どもが生き生きと活動している。

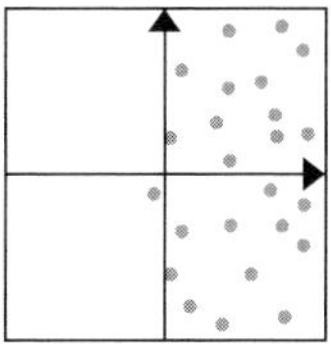

2. 管理型
静かなクラスのようだが、意欲の個人差が大きく、人間関係が希薄。

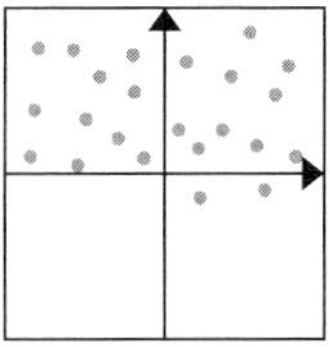

3. なれあい型
自由でのびのびとしているようだが、授業中の私語が多いなど、ルールが守られていない。

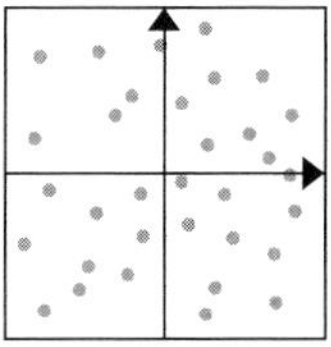

4. 拡散型
教師から一貫した指導がなされていない。子どもの帰属意識も薄く、教師の指導が通りにくい。

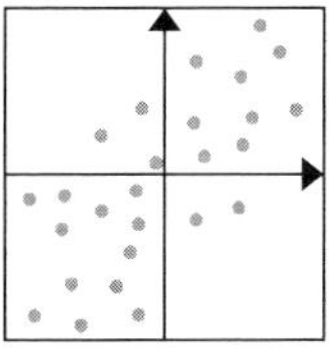

5. 荒れ始め型
「管理型」や「なれあい型」からマイナス面が肥大化。問題行動が増え始める。

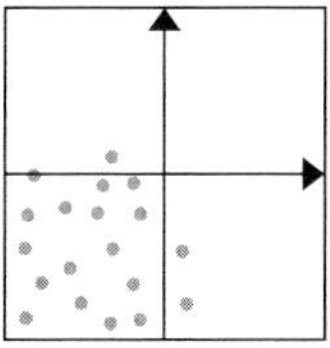

6. 崩壊型
子どもはクラスに肯定的ではなく、自分の不安を軽減するために、徒党を組んで他の子を攻撃するなどしている。

※河村茂雄著『学級集団づくりのゼロ段階』（図書文化）を引用の上、要約

私がQ－Uに出会ったのは、今から十年前です。東京都教育委員会の主任指導主事として狛江《こまえ》市教育委員会に理事職（指導室長）として派遣されたときでした。その在任中に、早稲田大学河村研究室と共同で市内学校の学級状況を把握し改善を図って、子どもたちの学力向上を目指すという研究を行ったのです。

そして二〇一八年度、ほぼ完成されたWEBQUを正式なサービス開始を前に、前《まえ》原《はら》小学校で三回実施したのです（二〇一九年四月から正式サービス開始）。

クラウドで変わる集団づくり1

クラスの状況をいち早く把握できる

子どものために、一秒でも早くいじめに対処する

ＷＥＢＱＵの最大の特徴は、その返却の速さです。

これまでは、アンケートを実施してその結果が手元に返ってくるまでに、どんなに早くても二週間かかっていました。それがウェブ版では全員のアンケートが終了して「提出する」ボタンを押せば、すぐに結果がわかるのです。

この返却の速さには大変な価値があります。子どもたちのアンケートに答えるときの気持ちを考えてください。アンケートには、まさにいじめなどの状況を把握するための質問項目があります。「嫌なこと」「乱暴なこと」「学校へ行きたくないこと」「無視されること」「仲間はずれ」「ひとりぼっち」という項目に子どもは自分の状況を振り返って、「1．まったくそう思わない・まったくない」から「4．とてもそう思う・よくある」までの四つの中から回答します。

これら項目に「大変よくある」「よくある」などと回答した子どもは、このアンケートに回答したことで状況が変わること、教員が何らかの手を打ってくれることを信じて、願ってじっと待っているのです。それが業者から結果が返却されてこないからといって、二週間以上も放置されて良いわけではありません。

被侵害得点と承認得点ともにネガティブな回答をした子どもの多くは、サポートが必要な「要支援群」に該当します。ここに属する子どもは、一秒でも早くその気持ちを受け止め、面談して皆で見守り対応しなければなりません。WEBQUの返却の速さは、子どもたち一人一人の思いを受け止めるための速さなのです。

前原小で二〇一九年三月に実施したときは、午前中にWEBQUを実施して、その結果を養護教諭や特別支援教育コーディネーター（注2）と共有して、要支援群に属した子どもたちの個別面談をその日の午後に行うことができました。

ちょうどこの時期、愛知で小学校六年生の女子児童二名が自ら命を絶つという、いたたまれない出来事が起こりました。子どもたちの安全と人権を守るべき最高責任者である校長として、WEBQUの実施と即時対応は最も優先されるべき責務であるこ

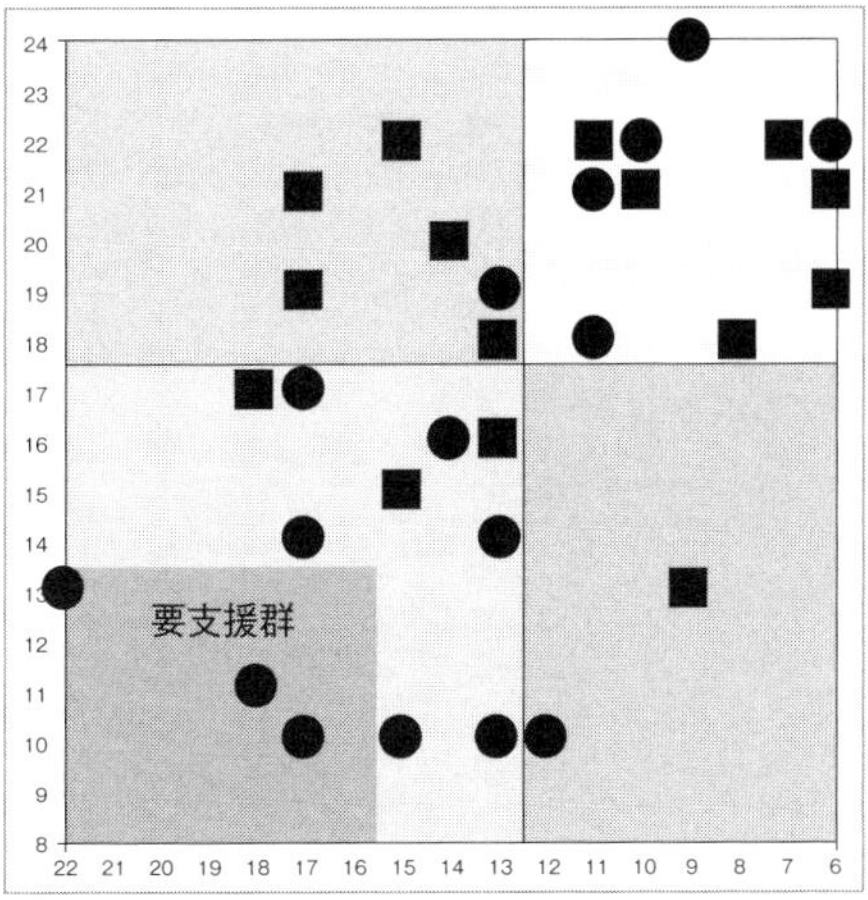

あるクラスの6月の結果。「荒れ始め型」に近い。左下枠内の子が、見守りを必要とする「要支援群」。■が男子で、●が女子。（筆者提供資料を加工）

とを突きつけられたのでした。

数字が示したクラスの悲惨な結果

さて、先ほどお話しした前原小のWEBQUの結果がどうだったか、ご紹介しようと思います。まずは二〇一八年の六月です。

結果を見て、言葉に詰まりました。一言で、悲惨な結果なのです。点の散らばり具合を見れば、明らかに「荒れ始め」の学級が多数存在しているのです。現実にはその荒れ具合は表面化していませんが、このまま放置すれば大変なことになることは容易に想像できました。

何とか手を打たなければなりませんが、同時に「なぜなんだろう？」という疑問も湧いてきました。前原小の教員は教育活動を一所懸命に推進しているにもかかわらず、この結果。だからといって、子どもたちが答えたアンケート結果を否定するわけにはいきません。

ＷＥＢＱＵには、「クラスには？」とか「クラスの人は？」という文言を含んだ質問項目がいくつかあります。学級状況を把握するために「クラス」という範囲の中で「すごい」「励まし」「気持ちがわかる」など、子どもたち同士の関係性を尋ねているのです。

新年度が始まって間もないこの時期、子どもたちも教員も「クラスにおける関係性」など意識することもなく、ただクラスを集団（個の集まり）として、その統率（もしかすれば統制？）を最優先に教育活動を進めてきたのではないか、という思いが次第に頭の中を占めるようになっていきました。

「教員にとって、子どもたちにとってクラスって何なんだ？」

これが私の問題意識となって、この後で紹介する「朝ノート」の実践へとつながっていったのです。

四月から六月は、教員も子どもたちも大変な時期

学級の集団づくりが始まる四月、五月の学校行事や学年・学級での諸活動の円滑な推進には、ルールによる集団統率がどうしても必要になってきます。

前原小では毎年、全ての学年で学級編成替え（クラス替え）を行い、それに伴い新学年になって前の担任が同一学級をもち上がることはありませんでした。ですから、子どもたちは進級した学年で、多くは新しい友だちと新しい学級担任と一緒に学校生活を始めます。低学年の子どもたちにとっては、この環境がどれほど不安なものであるかは想像に難《かた》くありません。

このような状況にあっては学級担任がルールを徹底し逸脱を防ごうとするのは、ある意味必然です。

加えて、年度当初の学校行事がルールによる集団統率を加速させます。入学式や様々な活動で全校の子どもたちが一堂に会せば、逸脱行動は絶対に許されません。高学年の委員会・クラブ活動の組織づくりは、担任がルールを設定して所属を決定します。

全校では、安全指導や避難訓練の実施で安全確保のためのルールの徹底が図られますし、同時にすぐさま学校保健安全法に定められた定期健康診断が始まります。校医の診察時にお喋《しゃべ》りは禁物だし、診察が終わって教室に戻ったときの課題も指示しておかなければなりません。

そして給食が始まれば、給仕や配膳の仕方の指導だけではなく、アレルギー対応を確実に行うためにもルールの徹底が絶対です。

極めつけは、今では多くの学校が実施するようになった春の運動会。その練習が五月のゴールデンウィーク明けから始まれば、集団統率が一層厳しくなるのは当然の理だと考えてもおかしくはありません（前原小は二学期の実施）。

このように見てくれば、学級の集団づくりが始まる年度当初に、教員が子どもたち相互の関係性に注目して、それを豊かに構築する教育活動を展開している余裕など、どこにもないのです。基本は学習指導要領に定められた教育内容を各学校が編成した教育課程にのっとり確実に、そして集団として円滑に実施することが最優先とされるのです。

年度初めの学級集団づくりは、第一に集団統率のためのルールの徹底が優先され、子どもたち相互の関係づくりが不十分なままに展開されているという問題を孕《はら》んでいるのです。

このような現状が、二〇一八年度の六月に行ったＷＥＢＱＵの結果に如実に表れたのだと考えました。

朝の会で一人一人の状態をクラスで共有

子どもが嘔吐したときの処理も教員の必須スキル

閃《ひらめ》いたのです。

子どもたちにとって、いごこちの良い学級集団ができれば、WEBQUの結果に反映されるし、何よりも彼らの健やかな成長をうながすまさに基盤となる。当然の理屈でもあります。

だったらschoolTaktが活用できる、と。schoolTaktの一覧機能が子どもたち同士の関係性の構築に活用できる、と思ったのです。そして、その場をどこに設けるか……毎日実施できる時間は、朝の会！

朝の会は一日の学校生活の始めの時間として、特に学習指導要領上の定めはありませんが、特別活動や生徒（生活）指導の側面から、重要な時間としてこれまで位置づけられてきました。

朝の会で教員がやることは、まず出席確認。気分がすぐれず何となく学校へ行きたくない気持ちになって、登校をぐずってしまう子どももいますし、また保護者が出勤してしまい、学校へ連絡もせずにそのまま布団の中にいる子どもも今はたくさんいるのです。

次に健康観察。子どもたちは様々な状況を抱えて登校してきます。休み明けの月曜日は特に気を使いますし、インフルエンザなどの感染症が流行《はや》る時期は最新の注意をもって子どもたちの様子を丁寧に診ます。嘔吐《おうと》処理も教員の必須なスキルだということを忘れてはなりません。

この時間に「schoolTakt の一覧機能やコメント、『いいね』機能を使って、そこに子どもたちの体調や気分を記入させ、お互いに励まし合ったら面白い関わりが生まれるんじゃないか」と閃いたのです。そしてこのアイディアを職員会議などで紹介しました。閃きですので強制はしませんでしたが、思いに賛同した教員が取り組み始めました。その後この取り組みは、本校の教員が「朝ノート」と名づけ、二〇一八年度の三学期には多くの学級で取り組む教育活動となっていったのです。

子どもたちは、友だちからコメントをもらえるのがすごく嬉しい

例えば、こんな感じです。

八時十五分にチャイムが鳴って、子どもたちが教室に入ってきます。朝の支度《したく》を終えて、朝ノートを始めるのはだいたい二十分くらいから。既に朝ノートは友だちの状況を見ることができる設定にしてありますので、子どもは自分自身の体調や気分などを書き込めば、友だちの様子をうかがい始めます。大方三十分になれば皆、閲覧状態になってコメントや「いいね」を交わし出します。三十五分になったら、教員が朝ノートを閲覧して、

「○○ちゃん、音楽楽しみって書いてあるね。今日はリコーダーのテストがあるけど、頑張ってね」

などと声をかけ、学習意欲を喚起しながら一日の予定を確認していきます。

schoolTakt を活用して朝の会を実施し、これを習慣としようとしている学級は、朝の様子がとても落ち着いて、しかも和やかな雰囲気を醸し出すようになっているよ

朝の会で「朝ノート」に取り組む子どもたち。「席に着いて」と言われなくても、子どもたちは静かにパソコンに向かう。

うに感じました。しかもベテラン教員の学級だけでなく、新規採用の教員の学級でも。

朝ノートで一番に懸念したのは、子どもたちがこの活動に、すぐに飽きてしまうのではないか、ということでした。一人一台の情報端末がありましたから、朝ノートは毎日実施できます。その毎日という繰り返しがマンネリ化を生み、活動への新鮮さが薄れ、形骸化していくのではないかという懸念です。

しかし、それは杞憂《きゆう》に終わりました。

子どもたちは登校して、ランドセルか

ら教科書などを取り出し机に入れ、荷物を教室後方のロッカーへしまいに行くと、充電してある自分の情報端末をもって自席に戻ります。そしてschoolTaktをひらき、朝ノートを自ら始めます。

一年間、子どもたちは新鮮さをもってこの活動に取り組みましたし、私が職を辞した後も継続して実践されています。

この活動を通して改めて感じたのは、子どもたちの承認欲求の強さです。自分が書いたことに友だちからコメントや「いいね」をもらえることが、たまらなく嬉《うれ》しいのです。

朝ノートは、直接の会話ではないけれど、子どもたち同士のコミュニケーションを日常的に活性化します。デジタル環境によって、直接的な人間関係の構築の限界を乗り越え、より豊かな相互の関係性をつくり出すことの可能性がひらけたと感じました。

クラスの問題は、担任だけでなく学校組織全体の問題

二〇一八年十二月、第二回目のWEBQUの実施です。

結果、三年生以上の学級で、WEBQUにみる学級状況がより望ましい状況へと変容した学級が十一学級中、五学級ありました。そのうち四学級が何らかの形で朝ノートを実施していたのです。朝ノートの取り組みは文字入力の関係から三年生以上で推奨してきて、思いに賛同した学級が取り組んでいました。

あるクラスの担任教員は、産育休からの学校現場への復帰もあって学級経営に不安を抱いていたところに、良いとは言えない第一回目の結果が出て、かなりのショックを受けていました。そんな担任教員でしたから、朝ノートには他の誰よりも一所懸命に取り組み、朝の会をつくっていきました。当然、他の教育活動も頑張ったと思いますが、その学級の第二回目の結果は「親和型」で建設的な集団であることを示すものとなっていたのです。学級の子どもたち、担任教員、そして私にとっても大変嬉しい結果でした。

第二回目の結果を踏まえ、この担任教員が私にＷＥＢＱＵに対する率直な思いを綴《つづ》ってきました（一部表記を改めました）。

「学級経営の通知表のように感じて、気が重かった。やりたくなかった。良い結果が出ないと、自分の学級経営を否定されているようで落ち込んだ」

「校長先生が、私を否定するのではなく、『子ども同士の関わりができていないだけ』とおっしゃってくれたのに救われた。学級をより良くするためのヒント、子どもを理解するための結果としてとらえる」

「表面的には楽しそうにしていたり、問題なさそうに見えたりする子どもが要支援になり、不思議に感じていた。でも、その子どものことをよく観察してみると、一人の時間が多かったり、表情が暗かったり、自分では子どものことを見ているつもりでも、見えていない部分が多かったと気づいた」

そしてこの担任は、一年後にも次のようなメッセージを私に送ってくれました（一

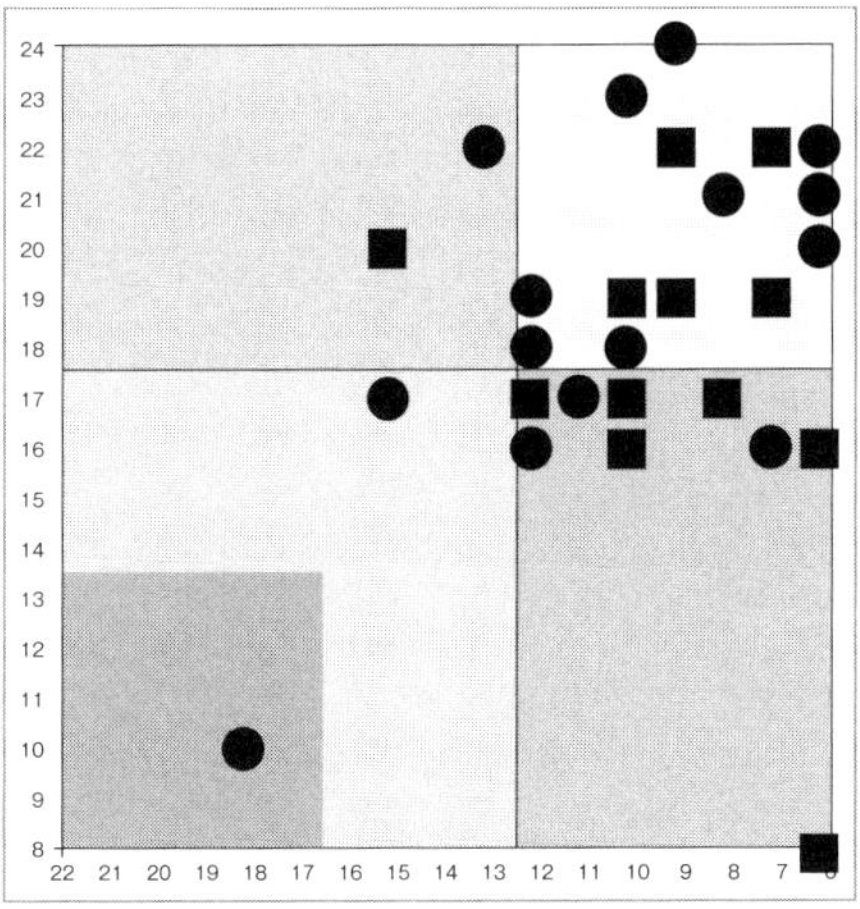

半年後、先ほど紹介したクラスがほぼ「親和型」に変わった。（筆者提供資料を加工）

部表記を改めました）。

「ＷＥＢＱＵを学級経営評価としてではなく、児童をより良く理解するための手段としてとらえられるようになると、とても有効だと思う。要支援や不満足群にいる児童のみに注目しケアしがちだが、満足群にいるからと安心しては駄目。やはり一人一人をしっかり見ることが大切」

ＷＥＢＱＵの結果を学級経営の通知表のように感じていた教員が、その結果の受け止め方を変え、一人一人の子どもをしっかりとらえようという前向きな気持ちになれたのは、本当に素晴らしいと思います。

教員がアンケート結果を学級経営の通知表と感じてしまうのは、管理職にも大きな責任があります。学級経営は担任が行うもの、という日本の集団教育の伝統・思想がそうさせているのであって、何も学級は担任だけが関わっているわけではありません。その学級状況をつくり出したのは学校全体である、との自覚をもって対応すべきです。

学年の教員や専科の教員、養護教諭や特別支援教育コーディネーター、そして主幹教諭や管理職が全て関わった結果が、WEBQUの結果に表れているのだとの共通理解が図られたとき、初めて学校が変わるのです。

教室に入れない子も、ICTでクラスとつながりがもてる

朝ノートを実施していると、不思議なことにたくさん出会いました。アナログ環境下では絶対に見えてこない子どもたち同士の関わりです。

あるクラスに、なかなか教室に入れない子どもがいました。でも別室から、この朝

ノートには参加しています。他の子からその子どもへのコメントも「いいね」もあります。全く孤立していないのです。でも教室には入れません。担任とも普通に話せますし、私との会話もあります。給食などはその子どもとの関わりができる何人かが別室で一緒に食べたりもしました。でも教室に入れないのです。

原因は何だろう。担任教員との関係性ではありませんし、友だち関係でもなさそうです。

「この子のWEBQUの結果は、どうだっただろう？」

そこからいろいろな原因を探り教室に入れるよう考えましたが、今これを書いていて、そもそも教室で授業を受けなければならない、という前提そのものを考えてみる必要を感じてしまいました。学級に入って三十人から四十人の集団の中で一律・一斉の授業スタイルに合わせることこそが、その子どもにとっての一番のストレスだったのかもしれません。

また、中には、ある特定の場面・状況でだけ話せなくなってしまう子どももいます。直接的なコミュニケーションはできませんが、ちゃんと朝ノートでは会話をしているのです。この子どもの関わりの様子をうかがっていて、私たちは顔を合わせての直接のコミュニケーションが取れることにこだわりすぎなのではないか、と考えさせられました。

「アナログなつながりの方が豊かな人間関係」は思い込み

朝ノートを実施していて不思議に感じたことの一つに、「なぜ、子どもたちは友だちのキャンバスを拡大してまで閲覧しにいくのか」ということがありました。

これも最初は意味がわかりませんでした。なぜなら、友だちの情報は一覧画面でほぼ入手できるからです。友だちの記述にコメントするのであれば、そのキャンバスを拡大する必要がありますが、子どもたちはコメントしなくても拡大して閲覧しにいくのです。

実は、誰が誰にコメントしているのかを確認しにいっていることがわかりました。子どもたちは学級内の友だち相互の関係性を確かめているのです。一覧画面では、友だちの記述に対してコメントが何件あるかが示されます。そしてコメントがつけられたキャンバスを閲覧すれば、誰がコメントしたかがわかるのです。

schoolTaktでは、教員が子どもたち同士の閲覧状況を確認できます。誰が誰の記述を閲覧したか、誰にコメントや「いいね」したかを数字や関係性を見える化したマップやグラフで把握できます。これを見れば、現実の関わりとは違った関係性がそこにひらけていて驚いたり、微笑《ほほえ》ましく感じたりすることがあります。特に高学年にもなれば、ジェンダー間の関わりは現実では恥ずかしさや他人の目を気にしてうまくできないことがあるのですが、デジタルではそれなりのコミュニケーションがあったりします。また表面上は関わりが見えない子どもたち同士のつながりを発見できたり、またその逆もあったり。

そして朝ノートを継続していけば、このような関係性が変化していく子どももそうでない子どももいることがわかります。担任教員はその変化や固定化が望ましいものであるかを状況に応じて判断して、コミュニケーションの活性化をうながしていきます。

こんなことを間近に見ていると、朝ノートの関わりはアナログ環境下の朝の会よりも、子ども同士の豊かなコミュニケーションを保障しているのではないかと考えるようになりました。

子どもたちはSNSの「炎上」をよく知っている

しかし、このような朝の会を何の説明もなく保護者に参観させることは、絶対にお止《や》めください。

ただでさえデジタルに拒否反応を示す保護者は、子どもたちがパソコンに向かっている姿を見て、「学校は子ども同士の温かな関わりをつくる場なのに、それを奪うことは絶対に認められません！」とエキセントリックに訴えてきます。そしてこのような方々には、いくら理詰めで「デジタルが子ども同士の間接的なコミュニケーションをうながして、それが現実のコミュニケーションにも良い影響を及ぼしているんですよ」と説明しても受け入れてはくれません。

確かにSNSによる様々な問題が世間で指摘されれば、心配もたくさんあることはわかります。だからこそ、学校で情報モラルを学ばないといけません。

この光景を異様ととるか、新しい学びの姿ととるか……大人たちの見識が問われている。

例えば子どもたちは、すぐさま朝ノートに画像を貼りつけるようになりますが、著作権の問題を教える絶好のチャンスです。また、何でも書いていいからといって、自分や他人のプライバシーをどこまで開示することが良いのでしょうか。

子どもたちはＳＮＳの「炎上」をよく知っています。朝ノートのコメントの記述を手がかりに、その表現の仕方を切実な問題として学ぶことができます。朝ノートは、ＳＮＳとの正しい関わり方を子どもたちに実地体験させる機会にもなるのです。

口では教員に元気と返事をしたが、実は具合が悪かった子ども

直接のコミュニケーションを絶対とする方々の強い要望を受けて、従来の朝の会のように担任教員が子どもの名前を直接に呼んで返事をさせる方法との併用、折衷的な取り組みを行うと、子どもが困ってしまいます。

というのも、こんなことがありました。

朝の会で「○○さん」と直接名前を呼んで、「はい」という返事の後「元気です」と応えた子どもの朝ノートには、「体調が悪い」と書かれていたのです。担任教員からこの話を聞いたとき、「どっちが本当なの?」と尋ねたら、朝ノートのコメントだったそうです。朝の会で担任教員が直接に子どもの名前を呼び、子どもの返事から健康観察することは、もしかしたら条件反射となっているのかもしれません。

一見、朝の会での担任教員と子どもの直接のやり取りは微笑ましく映りますが、三十人から四十人の学級集団で誰かが「体調が悪い」と返答したとき、担任教員はその訴えに適切に対応しているのかを考えてください。登校しているのだから大したこ

とがない、とは限らないのです。

朝ノートを実施していて、そこに体調不良のコメントを見つければ、その子どもの所へ行って状況を丁寧に聞くことができます。担任が保健室へ連れて行くことだってできるのです。担任が少しの間教室を離れても、子どもたちは朝ノートで楽しく、自席に座ってコミュニケーションしていますから安心です。

教員の注意や指示がなくても、子どもは自発的に着席

二〇一八年度の一月の終わりに、六年生の一学級が一月分の自分自身の朝ノートを振り返って感想を書きました。schoolTakt のポートフォリオ機能を使って、自分自身の朝ノートの記述や関わりをメタ認知させたのです。

「普段話せない人ともしゃべることができた」

「コメントをもらうと、めっちゃ嬉しかった」

などという、朝ノートの直接的な効果をあげる振り返りとともに、友だちとの関わりにおける配慮を記述するコメントもたくさん出てきました。

「元気のない人にコメントしたりして交流を深めようとした」

「具合の悪い人に気を使ったりできる」

そして極めつけは周囲への配慮にとどまらず、リーダーシップの萌芽《ほうが》を感じさせるコメントまで出てきました。

「いつも自分のことしか書いていなくて、クラスを盛りあげようとはしていなかった。だいたい仲の良い人にしか書いていなかったので、三学期はクラスを盛りあげる発言をして、いろんな人の良いところを見ていきたい」

これを読んだときは本当に嬉しくなり、この子どもたちの振り返りを全校朝会で紹介しました。「前原小の子どもたち、六年生はこんな素敵な配慮やリーダーシップを発揮できる最高のお兄さん、お姉さんなんだよ」と。


朝ノートを実践し、その分析を行っていて気づいたことがあります。

「これまで学級集団づくりはルールの徹底が大前提であったのが、一人一台の情報端末はそれを変えた！」ということです。これまではルールの徹底を図って、まずは心身の安全の確保ができて初めて信頼関係づくりに移ることができたのです。

でも朝ノートを実践すれば、子どもたちの承認欲求をくすぐり、子ども同士のリレーション（信頼関係）をベースに学級集団づくりが始められるのです。だって、チャイムが鳴ったから席に座れ、などと言わなくても子どもたちは自席で朝ノートを介してコミュニケーションを取り始めるのですから。

超多忙な年度末にも、子どもにアンケートが実施できる

二〇一九年三月の第二週目に、第三回のＷＥＢＱＵを実施しました。ＷＥＢＱＵの結果が担任教員の学級経営力の評価ではないことは、前にお話しした通りです。しかし、学校の組織的取り組みを評価する上で重要な手がかりとなります。

この時期の実施はとても画期的なことです。紙ベースでも実施はできますが、返却が早くて二週間であれば、それが戻ってくるのは終業式・卒業式です。年度末ですから教育活動に結果を生かそうと思っても遅すぎますし、分析だってこの超多忙な時期にできるはずありません。

でもそれが、すぐさま返却されるWEBQUだと可能なのです。そしてこの結果は、大変貴重な情報を私たちにもたらしてくれるのです。

三月の学級状況を把握できるということは、年間を通じて学級の変容を把握できるということです。これまでQ－Uでは一般的に年二回の実施でその変容を把握し、集団づくりや子ども個人と集団の関係性の改善につなげてきました。多くは二学期末に二回目を実施しますが、これまではその後の変容を把握することができずにいました。それが年三回の実施となって三月の学級状況を把握できれば、それは学校の組織的取り組みの貴重な評価情報となるのです。

多様な子どもたちを抱える昨今、同じ担任が次年度に違う学年・学級をもって同様の良い結果を出せるかと言えば、子どもが違えばそれは難しいと言うしかありません。どんな経験・力量をもっていたとしても、次年度は違うのです。だからこそ、この時期にWEBQUを実施し、子どもたちの状況を把握するとともに学校の組織的な取り組みを評価し、次年度の組織体制づくりに役立てなければなりません。こう考えれば、WEBQUの結果は校長が次年度の学校経営方針を立てる際の極めて貴重な学校評価の資料となるのです。

（注1）ソーシャルスキル尺度を加えたhyper-QUもある。どちらも標準化された心理検査として認定されていて、結果は信頼性、妥当性があると統計的に認められている。

（注2）特別支援教育の推進に関わり、その体制整備や学校内の関係者や関係機関との連絡・調整などを行う。前原小では教員が兼務して職務を遂行した。

第7章

プログラミング教育は教員も変える

教員は「子どもたちのより良い成長に関わりたい」という願いをもっています。初めは抵抗感のあったプログラミングやICT活用ですが、子どもたちの素敵な学びの姿が教員を変えました。一見強引そうな校長の経営スタイルは、方向性を共有していればかなりの自由度があり、それが教員一人一人の創造的な授業の実践につながりました。

校長の本気の思いを何度も伝える

前原《まえはら》小学校のＩＣＴ教育やプログラミングの授業の実践をプレゼンする機会があります。私の話が終わって、司会の方が講演を聞いていた方々に対して「何か、お聞きになりたいことはありますか？」と尋ねると、定番に近い質問があります。

「現場の、前原小の先生方はついてくるのですか？」

この質問に対して、私はウケをねらって「暴動が起きれば、鎮圧します」と少し威圧的な対応を返答します。しかし現実には、鎮圧したことなんかありません。

私が前原小に転任したのは二〇一六年の四月ですが、四月一日《ついたち》、初めて出会う教職員を前に挨拶をしました。自己紹介とともに私の時代認識を踏まえて、これから前原小ではＩＣＴ＆プログラミング教育を積極的に推進するという方針について話をしました。特にプログラミングについては、それが新しい学びのトリガー（きっかけ）となることから、総合的な学習の時間で二十時間ほど実施することを宣言しました。

突然の話に教職員は反発するも何も、ぽかーんとしていました。意味がわからないのです。ＩＣＴについてはコンピュータを活用した授業なんだろうと何となくイメージできても、プログラミング教育については頭の中が「？」だったと思います。このときは、まだプログラミング教育必修化は宣言されていませんでした。

しかもそれを二十時間程度の実施と言われても、すでに教育課程が編成され、総合的な学習の時間の計画もできています。加えて実施に必要な情報端末なんてどこを見渡しても、そのときの前原小にはありません。教職員は新しい校長が着任早々、何やら叫んでいるけれど実施なんかできない、無理だ、と思って当然です。

年度の初め、多くの教員は定められた教育活動をこれまでのやり方で、そこに自分なりのちょっとした創意工夫《そういくふう》をもって丁寧に実践していこうと考えています。そして始業式までのわずかな日数の中で、学級・学年事務だけでなく自分自身に割り当てられた校務分掌《こうむぶんしょう》（校内での役割分担）の仕事を猛烈にこなしていきます。私が話したＩＣＴ教育やプログラミングの授業のことなど、その場限りのこととして忘れ去られてしまいます。

ですからこのような状況を十分に理解した上で、四月四日に行われた職員会議の際、改めて教職員にICT教育とプログラミングの授業の推進が私の学校経営の核であることを伝えました。校長は本気なんだよ、という意思表示です。大事なことは何度でも繰り返します。

私にとっては最後の学校。大きく教育環境が変化し始めたときに躊躇《ちゅうちょ》していればタイミングを逃しますし、教職員はついてきません。ですから、教育活動の方向性を明確に示し、その具現化のための学校経営を行うことを宣言したのです。

教員が変わった理由1　まず必要な環境整備を行った

環境が整備されなければ何もできない

しかし、いくら言葉で言っても「モノ」がなければ話になりません。

ここでこれまでのネットワークが生きてきます。前任校時代に七転八倒《しちてんばっとう》しながらも、ＩＣＴ活用の実践を公立小学校で全国に先駆けて行ってきたのですから、民間の方々との信頼関係はそれなりにできていました。私が転任したことで様子見する民間の方がいるのは当然です。そんな状況にあっても、私との信頼関係を継続してくださる方もいます。苦しいときに手を差し伸べてくれた方への恩義は絶対に忘れません。

まずは教員分のタブレット端末を借り受け、教職員に配布しました。やると言ったからには、やらせる責任があります。それによって校長の本気を教職員に伝えなければなりません。三十台近いタブレットの必要な設定なども一人でやりました。自分のモバイルWi-Fiをもってきて教職員一人一人のＩＤを取得し、始業式までに全員に配布しました。具体的なＩＣＴ教育のスタートが、まずは教職員から始まりました。

前原小のＩＣＴ環境を見て回れば、その整備状況は当時の小金井《こがねい》市教育委員会教育長が言っていたように、全く遅れていました。

しかし、すごいことがわかりました。各教室に大型モニターが設置されているのです。視覚情報をもとに子どもたちと授業するのは大前提ですから、この環境は大変助かりました。そして各教室に情報コンセントがあり、離れにあるコンピュータ室から校内LANが敷かれていたのです！

これが使えれば、ここにアクセスポイントという機器を接続してWi-Fi環境がつくれます。早速またもやこれまでのネットワークを生かして、フルノシステムズの鈴木《すずき》啓之《ひろゆき》氏に来校してもらって状況を確認してもらいました。

「つながる！」

見事にWi-Fiがつながりました。いくら情報端末をそろえたところで、通信環境が整わなければタブレット端末などは、ただのでかいカメラにしかなりません。私が前原小でICT教育&プログラミングの授業を推進していくまさに必須の環境が整備できることが確認できたのです。このときの喜びと安堵《あんど》感は今でもはっきりと覚えています。フルノシステムズには、小金井市のICT教育推進校の研究に協力いただき、校内Wi-Fi環境の構築に様々な助言をいただきました。「ブレーキはかけない」という当時の教育長の言葉にも嘘《うそ》はありませんでした。

これで各教室では、教員のもつタブレットと大型モニターが画面転送装置（PCやタブレットの画面をモニターへ映し出す装置）でつながって、視覚情報を存分に子どもたちに見せられるようになったのです。まだまだ不十分ながらもＩＣＴ環境が一つ整いました。

今振り返れば、私は前原小でＩＣＴ教育＆プログラミングの授業を積極的に推進して、新しい学びのあり方を追究し続けてきましたが、突き詰めるとインターネットにつながるＩＣＴ環境を構築することに多大なエネルギーを費やしていたのです。素晴らしいパフォーマンスをもつフルノシステムズのアクセスポイントは、情報端末の台数が最終的には五百台を超えても負荷なく稼働しました。これが前原小の奇跡をつくり出す土台となりました。

一人一台の情報端末が整備されたとき、各自治体はこれまでの通信ネットワーク環境で対応可能なのでしょうか。早急に確認し、再整備計画を立てるべきです。

国のプログラミング教育必修化宣言で、教員も知らん顔できなくなった

二〇一六年四月十九日、産業競争力会議で安倍首相が小学校段階でのプログラミン

グ教育必修化を宣言しました。

追い風です。追い風が吹きました。

四月一日にいきなりプログラミングをやるから、と言われて「？」だった教員もこの発言（動き）は無視できません。

そしてこの時期、前任校での取り組みもあって、私はいくつかのイベントでプログラミングの授業に関わるプレゼンを立て続けに行っています。その中の一つ、同年五月二十一日に東京大学の福武ホールで行われたScratch Day（スクラッチデイ）というイベントの鼎談《ていだん》に登壇した際には、小学校現場でのプログラミングの授業をどう推し進めるかが話題になりました。「必修化と言われても、学校現場ではその実践はそう簡単ではないのでは？」というような話を振られたとき、これまでのプログラミングの授業で見た子どもたちの学ぶ姿が思い出され、私は「教員がやらなければ、私がやる！」と宣言してしまったのです。

発言したからには責任を取らなければなりません。必修化の宣言は無視できなくても、その実施までは三年もあると高をくくっていた教員に切実さを感じさせるには、チャンスだと思いました。

早速タブレット端末を使って、六年生の一クラスでプログラミングの授業をすることにしました。私の思い描くプログラミングの授業の内容と展開、そして何よりも子どもたちの学ぶ姿を見て、教員にいろんなことを感じ取ってほしかったのです。百聞は一見に如かず、です。

もちろん、私の行う授業が完璧なわけではありません。拙《つたな》いところ、改善しなければならないところは山ほどあります。でも私が行うプログラミングの授業を共通の土俵に、教員と一緒に新しい学びをひらく可能性を探っていくスタートとしたかったのです。

校長がプログラミングの授業を実践してみせる

当時のＩＣＴ環境を鑑みて、私はScratchと似たTickleというビジュアルなブロックプログラミング言語を使用し、授業をすることにしました。このときはまだIchigoJamの存在など、知りもしなかったものですから。

プログラミングすればコンピュータを介して楽しい面白い表現ができることを知らせ、実際にプログラミングを体験させる。そして自分と友だちの表現を楽しむ。そんなことをねらいに授業を組み立てました。子どもたちにとっては初めてのプログラミングの体験です。面白そう、やってみたい、そーなんだ、などという感覚を体感することができれば良いと考えていました。

授業では、まず私が実際にプログラミングをしてキャラクターを動かすことをやって見せました。

そして、Tickleに備わっているブロックの大体を知らせ、後はそのブロックの組み合わせでタブレット上で面白い表現（動き）をつくれることを説明しました。子どもたちには大体のイメージをつかませるだけです。ある決まった動きのプログラムを一つ一つ教える、なんてことはもちろん一切しません。

子どもたちの机の配置は、四人がグループとなって二人ずつ対面となるよう机をくっつけました。一回の説明で全てを理解できるわけがありませんし、私が全てを教えることもできません。説明はあくまでもきっかけで、子どもたちがこんな動きを表現したい、こんな動きができたら楽しいだろうなと思うような説明を心がけました。

ですから実際にプログラムする場面になれば、わからないことがいっぱい出てきます。その都度、先生に教えてもらうのではなく、友だち同士で教え合い、学び合う場をひらくのです。だから机の配置はいわゆるスクール形式ではなく、グループ型なのです。

説明を始めてほぼ十分たったところで、次の指示はやっぱり、

「やってごらん」

です。子どもたちは早速プログラミングを始めます。様々な動きに喜び、笑い、時にどうしてもこんな動きをしたい、という場面が生じたら、皆で考え合ったりもしていました。

そんな活動を時間いっぱい使って、本時の授業は終了しました。

教員が変わった理由2

教員のスキルアップにイベントや授業公開を活用

五十歳代の教員もプログラミングの授業で奮闘

ここからが怒涛《どとう》の快進撃です。その始まりは、フジテレビ系列の情報番組「めざましテレビ」の取材でした。どこかで本校の情報を入手したのでしょう。プログラミング教育必修化の宣言を受け、取材にやってきました。

撮影したのは、六年生のプログラミングの授業です。私が授業を行ったクラスとは別のクラスで、同じくTickleを使った授業を行いました。このときの授業者は、私と一緒に前原小へ転任してきた五十歳代の男性教員です。今思えば、そのときは着任して二か月しかたっておらず、転任していきなりの六年生の担任教員がよく取材に応じてくれたと思います。

前原小でのＩＣＴ教育やプログラミングの授業の実践が推進できたのは、こんな素敵な五十歳代の教員が地道に取り組んでくれたおかげだと言っても過言ではありません。よく世間では「時代と乖離《かいり》するベテラン教員」と揶揄《やゆ》されますが、前原小では違いました。私が校長在任中の三年間に一、二名の入れ替わりはありましたが、多くの五十歳代の教員は真摯にICT教育、そしてプログラミングの授業に取り組んでいました。こんな姿が若い教員に影響を及ぼさないわけがありません。

放映を見ると、授業の冒頭では「わからない」と言っていた子どもたちですが、次第にお互いに教え合ったり、わからない動きなどは教室の前に出てきて皆で話し合ったりする場面が何カットも放映されていました。子どもたちは教員からプログラミングの知識を授かるのではなく、子ども同士の教え合いで思い思いの表現をしようとしていました。

そんな学びの姿がプログラミングの授業ではどんな学級でも、初めての時間でも、自然とつくり出されていくのです。初めてのプログラミングの授業としては大成功です。

「教員は教えるもの」という考えがまだ根強い

この取材の後、小金井市教育委員会が主催する小中連携事業が本校で開催されました。これは小学校と中学校の連携を密にするために、毎年中学校区内にある小学校と中学校の教員が集まり、授業の参観を通して子どもたちの様子や授業、そして生活（生徒）指導などについて情報&意見交換するものです。

この年度はちょうど前原小が小中連携事業の当番校にあたっていて、その内容は該当校に任されます。私は有無を言わさず授業公開は四年生と六年生の二クラスでのプログラミングの授業とし、授業参観とその後の意見交換会を通して、プログラミング教育必修化に向かう学校現場の本音をあぶり出そうと目論《もくろ》みました。

二クラスの授業は、先ほどと同じように、やはり子どもたちの活動に多くを委ね、プログラミングの楽しさや面白さを体感させようとするものでした。私にしてみれば、したり、なのですが、授業中や授業後の協議会では、やはり次のような、ある意味率直な発言のあったことがＩＣＴ教育ニュースに掲載されていました。

「何の説明もなく始まっちゃうから、何をやっているかさっぱりわからない」

「教師が何も教えていない。事前説明も不十分では」

「基本操作ができない子のためには、紙の説明文とか用意するべき」

「ゲームしているみたいで、指導する様子が見られない」


確かに教員がこれまで行ってきた授業を基準に今回のプログラミングの授業を評価しようとすれば、わからないことばかり。むしろこれまで授業で必要だとか、良いとか言われてやってきたことが、ことごとく否定されているような気分にもなります。「教師は教えるもの」「授業は教えられたことを理解する時間」などという考え自体を変えていかなければならないということを、是非とも多くの教員にわかってほしいと思います。しかし、それにはまだまだ時間がかかることを思い知らされた公開ともなりました。

総務大臣も視察にやってきた

一学期が過ぎ、そして夏休み。私は夏休みに前原小を会場にプログラミング教育の研修会を夏季研修の一つとして実施するよう、市の教育委員会に働きかけていました。

八月下旬に行われた研修会には、百名以上の教員が参加しました。体育館での全体会終了後に、十数名ずつに分かれて様々なプログラミング言語のワークショップを行いました。このような教員研修を開催し、大きなイベントに取り組む中で、前原小の教員は自らプログラミングのスキルやリテラシーを身につけていったのです。

九月には総務大臣の高市早苗《たかいちさなえ》氏の視察を受け、前原小の取り組みを国にも紹介することとなりました。

そして十一月。何もなかったところから半年後に、一般の方も対象にして授業公開をしたのです。当日は一年から六年までの全十七クラスでプログラミングの授業を実施しました。この時期、まだまだ情報端末は一人一台には到底及ばなかったものの、とにかく全校でプログラミングの授業に取り組む雰囲気をつくるために、様々な工夫と配慮で全学級のプログラミングの授業を公開したのです。

まさに怒涛の半年。

何もなかったところから、まずは教員用のタブレット端末を配布して通信環境を整

前原小の視察に訪れ、教員から説明を受ける高市早苗大臣。（2016年9月24日ICT教育ニュース掲載記事より）

えました。その頃から次第に情報端末も集まり始め、不十分な環境ながらICTを活用した教育実践が推進できる状況になってきました。

今振り返ってみれば、この不十分な環境においてプログラミングの授業を実践することとは、まさにICT活用に向かう絶好のきっかけづくりになっていたんだな、と思います。なぜなら一人一台の情報端末の配備が整わない中、通常授業を積極的にICT化することなど、どう考えても不可能です。情報端末の入れ替えに時間がかかり、それを使って学習した記録を保存する手立ても十分に考えられていない状態では、本当の意味でのＩＣＴを活用した授業はできません。

そんな中、プログラミングの授業を実践することで、教員と子どもたちに情報端末を活用することの面白さや具体的な活用方法を身につけさせることができました。このことは、教育のＩＣＴ化にとって極めて賢明なアプローチだったようです。子どもたちも教員もプログラミングの授業を通して、情報端末の操作方法を覚え、その活用に様々な可能性を感じることができるようになりました。

前原小にとって通常授業におけるＩＣＴ活用とプログラミングの授業は、切っても切れない深い関係にあったのです。

教員が変わった理由3

毎月の全校朝会で、新しい学びの姿をプレゼン

慣例で全校朝会を行うのは考え直すべき

私は前原小の校長在任中、全校児童朝会を毎月一回、体育館で行っていました。しかも火曜日の始業前に。

全校朝会の意義や方法をググるだけでも、様々な考えに触れることができ大変面白いものです。特に校長講話については、実践事例や話すべき内容、ネタ探しの仕方までもが検索できます。

しかし、慣例で行われる全校朝会につき合わされる子どもたちが、かわいそうでたまりません。近年の異常気象にあって、今はもう校庭に全校の子どもたちを集め、話を聞かせる状況にはありません。まして週明けの月曜日に、子どもたち一人一人の状況が大きく変化しているかもしれない朝の時間帯に、慣例で朝会を行うことは絶対に考え直した方が良いと思います。前原小で火曜日に実施していたのは、それが前任者

から続いていたからであり、とても良い設定だと感じたからです。

ただ回数は月に一回としました。一か月の期間を空けることで、その間の子どもたちの変化をしっかりと見取り、その変化がいかに価値のあることかを考えるためです。

私は毎回、自分のパソコンでプレゼン資料をつくって、それをプロジェクターで映して話をしました。内容は「新しい学び」「新しい時代を生きるとはどういうことなのか」などで、その時々の社会の動きや新しい情報を踏まえて、子どもたちと教員にプレゼンしたのです。第一章で紹介したソサエティ5.0の映像もここで見せました。一言も言葉を発せずにプレゼンしたこともあります。

いずれにせよ全校朝会は、学ぶことの意味を校長が直接に子どもたちに語りかける貴重な時間であり、教職員が校長の経営方針を改めて子どもの学ぶ姿から確かめ、方向づけをする時間となることを意識していました。

日常的な情報機器の準備も、教員の大事な学びの機会

プレゼンするために必要なプロジェクターなどの準備は、週当番の教員グループの

役割です。パソコンとプロジェクターをつなぐケーブルはHDMIなのかVGAなのかといった基本的な規格の確認や、プロジェクターの台形補正の仕方を学ぶといった、まさにOJT（注1）をこの場でも行っていました。日常の活用こそが情報機器の積極的な活用につながるのです。

私はPrezi（プレジ）というプレゼンテーションツールをよく利用しています。動画も簡単に挿入できますので、日常の教育活動や授業風景をスマホで撮影し、それを編集した動画をPreziにはめ込んで、子どもたちに語りかけました。朝会の時間は十分程度しかありませんので、校長が使える時間は長くて三分です。ですから、使用する動画は基本六十秒程度。場面ごとに見出しや短い説明文を挿入し、著作権上の問題がないフリーミュージックから曲を選択してBGMにしました。

この編集した動画は、私が他で前原小の実践を語るときに大変な効果をもたらしました。なぜならば、映像によって聴覚情報からでは想像がつかない学びの事実を聞き手の方々と共有できたからです。どんなに精緻に言葉を紡いでも、視覚から入る情報には敵《かな》いません。

私はＩＣＴの絶対的活用によって、新しい学びをつくり出すことを学校経営の核としてきました。ですから全校朝会で編集した動画を見せるということは、子どもたちに対してだけではなく、教職員に対しても今の学校が経営方針に向かってどんな状況にあるかを確認させ、これからの方向性を指し示すねらいもあったのです。そしてそれは取りも直さず、私自身の学校経営の自己評価でもありました。

通常教科の授業では、なぜか重たい教室の空気

プレゼン資料をつくる中で一番大変だったのは、動画の撮影です。前原小といえども、いつもいつも新しい学びがそこに実現しているわけではありません。私が散々と批判する昭和、平成のいわゆる「勉強」モデルの授業がそこかしこに行われていました。それを何とかして新しい令和《れいわ》の学びモデルへと転換させるためのプレゼンですから、週案（注2）を読み、一週間の中で経営方針と一致しそうな授業を探って撮影に行きました。

「校長先生！　見て、見て、見て！」

プログラミングの授業が行われている一年生の教室に入ったときのことです。私の姿を認めた子どもたちがすぐに駆け寄ってきて、自分たちのつくったプログラムを嬉《うれ》しそうに、そして自慢げに見せてくれたのです。子どもたちにとって、このときが初めてのプログラミングの授業でしたが、プログラムの仕方をすぐに理解して、思い思いの作品を楽しそうにつくり上げていました。

トライ&エラーを楽しく繰り返し、友だちと協働する可愛らしい子どもたちの姿の撮影がプログラミングの授業では簡単にできる一方、通常教科の授業でこのような場面を撮影することは極めて困難です。何よりも教室の空気が重いのです。この違いを何度も何度も体感し味わった経験が、プログラミングこそが新しい学びのトリガー（きっかけ）であるとの信念につながっていきました。

また、週案を読み込み、朝会でプレゼンするようになって、経営方針に向かう教職員の意識や実際の取り組みに個人や学年によってバラつきがあることを感じられるようにもなりました。

教員が変わった理由4

ＩＣＴをど真ん中において学校経営

ＩＣＴを使った授業変革を何よりも優先

改めて三年間の前原小での学校経営を振り返ってみれば、いつの間にか通常とは異なるアプローチをとっていたことに、最近になって気づきました。

学校には三つの大きな教育課題があります。「安全の確保」と「人権の尊重」、そして「学力の向上」です。三つの教育課題は、命を守るということを大前提として、子どもたちが相互に尊重しあって、確かな学力を育んでいく、という構造になっています。

ですから通常は、まず安全の確保のために生活（生徒）指導関係の取り組みを充実させます。教育課程に必ず明記する安全指導や避難訓練をはじめ、アレルギーや虐待などへも対応できるよう教職員の研修も徹底します。

そして次に、その安全を基盤に個別対応や相談機能を充実させて、いじめや不登校への対応を行っていきます。特別活動で縦割り班活動（注3）を行ったりするのも、子どもたちの豊かな関わりを生み出そうとするからです。

これらの対応を全て行った上で、最後に学力向上の課題に向き合うことができるのです。しかしこのようなアプローチでは、最後の教育課題である学力向上においては、情報機器の活用はその研修もままならず、そこに向かうエネルギーも、もはや残ってはいません。そんな状況の中で、情報機器のちょっとした操作につまずき、そのためにわけのわからない時間を費やすことは、精神的な苦痛以外の何者でもありません。何も情報機器を使わなくたって、授業実践においては教科教育研究の成果で完成度の高い授業が実践できるのです。だから勢い情報機器は使わなくなるのです。たとえ使ったとしても、従来の授業にちょっとつけ足したような、教員が効果的に指導するための教材提示としての活用です。これでは授業が変わるわけはないことは、これまでも繰り返しお話ししてきたところです。

そのような状況の中、私はＩＣＴを活用した授業実践で見せる子どもたちの学びの姿に変革の突破口を見出し、その実践へのチャレンジを最優先に掲げました。まずは

ＩＣＴを活用した授業変革に大きなエネルギーをかけ、二番目にＩＣＴの機能を生かすことで人権尊重の要である多様性の尊重と信頼関係の構築を図りながら、三番目に子どもたち相互の豊かな関係性をもって安全を確保しようとしていたのです。

現職の頃は、このアプローチが通常の経営のあり方とは真逆であることには全く気づくことはありませんでした。「ＩＣＴをど真ん中においた」授業の実践づくりに必死だったのです。

校内の怪我が二百件も減ってビックリ

このようなアプローチが結果として安全確保の領域にも功を奏していたことが、学校保健委員会の報告で明らかになりました。

前原小では保健主任である養護教諭が中心となって、学校保健委員会を年二回開催してきました。学校保健委員会は、子どもたちの健康状態などを学校医と保護者、教職員で共有し、健康教育の充実とその推進のためにそれぞれの役割や体制について意見交換する場でもあります。

二〇一九年の一月に行われた学校保健委員会で、主に二学期の子どもたちの健康状況や校内の怪我についての報告がありました。その報告を聞いて耳を疑いました。

「今年の二学期の校内の怪我の件数は、昨年度比マイナス二百件です」

「えっ！　マイナス二百件？」

意味がわかりませんでした。でも、怪我が減ることは大変嬉しいことです。

校内の事故は侮《あなど》ってはいけません。体格が大きく違う高学年と低学年の子どもが廊下を走ってぶつかれば、重大事故につながる危険性は極めて大きいのです。実際、重大事故につながりそうな事案は日常たくさん起きていますし、そんなヒヤリハットをなくすために様々な生活（生徒）指導の決まりや安全指導を徹底するのが学校現場なのです。

そうした指導の成果がマイナス二百件となって表れたのでしょうか。いや、これまでも生活（生徒）指導には、極めてしっかりと取り組んできたつもりはありましたし、そのために毎月行う安全指導も学年合同で行うよう指示もしてきました。管理職も教職員も、昨年度とほとんど異動はありませんでした。

では、何が昨年度と違ったのでしょう？

一つ違ったのは、ＩＣＴ活用が日常化してきたことです。では、なぜＩＣＴ活用が怪我の件数の軽減につながったのでしょうか？

私はＩＣＴを徹底的に活用することが、子どもたち相互の多様性の尊重と信頼関係の構築をうながし、結果、怪我の減少につながったのだと考えました。その年度の二学期の運動会やその練習でも、骨折事故は一件も起きていませんでした。

学校経営はＰＤＣＡサイクルではなく、ＯＯＤＡループで

皆さんは「ＯＯＤＡ《ウーダ》ループ」をご存知ですか。「Observe（観察）」、「Orient（方向づけ）」、「Decide（決定）」、「Act（行動）」のループを何度も回して、先の読めない状況で結果を出していく意思決定手法です。私は前原小に赴任した頃にこの刺激的な経営戦略を知りました。

学校は教育活動を推進するにあたって、前年度末に教育課程を編成し、教育委員会へ届け出ます。その計画を愚直に実行してきたのが、これまでの学校でした。

PDCAサイクルとOODAループ

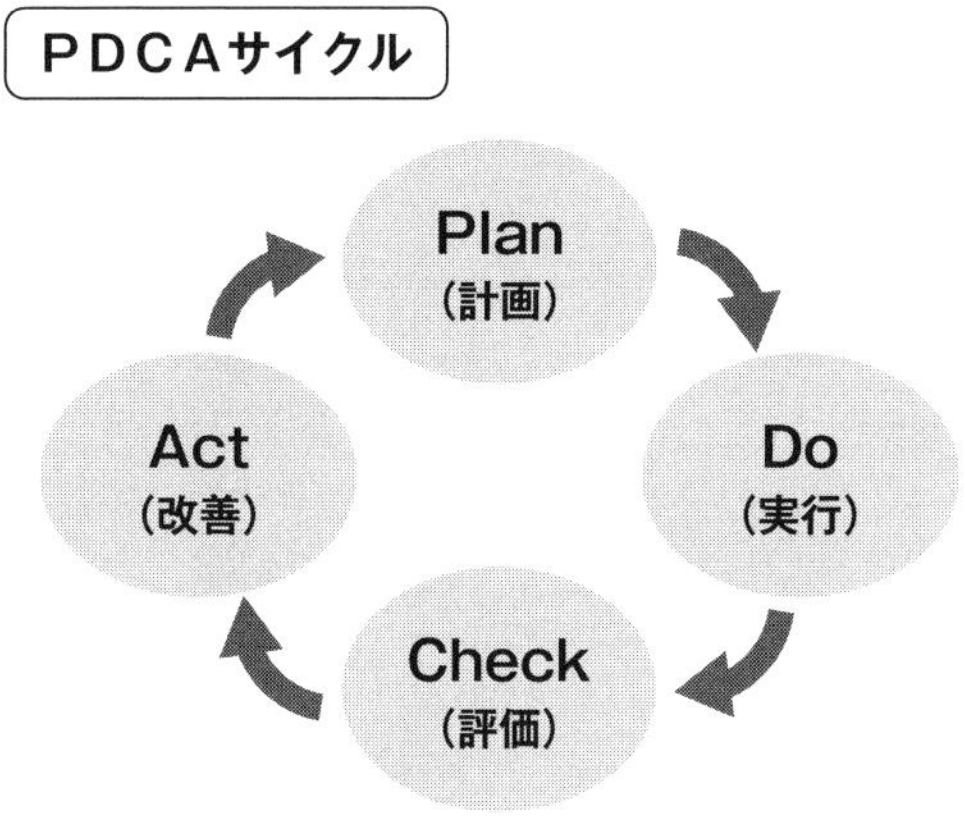

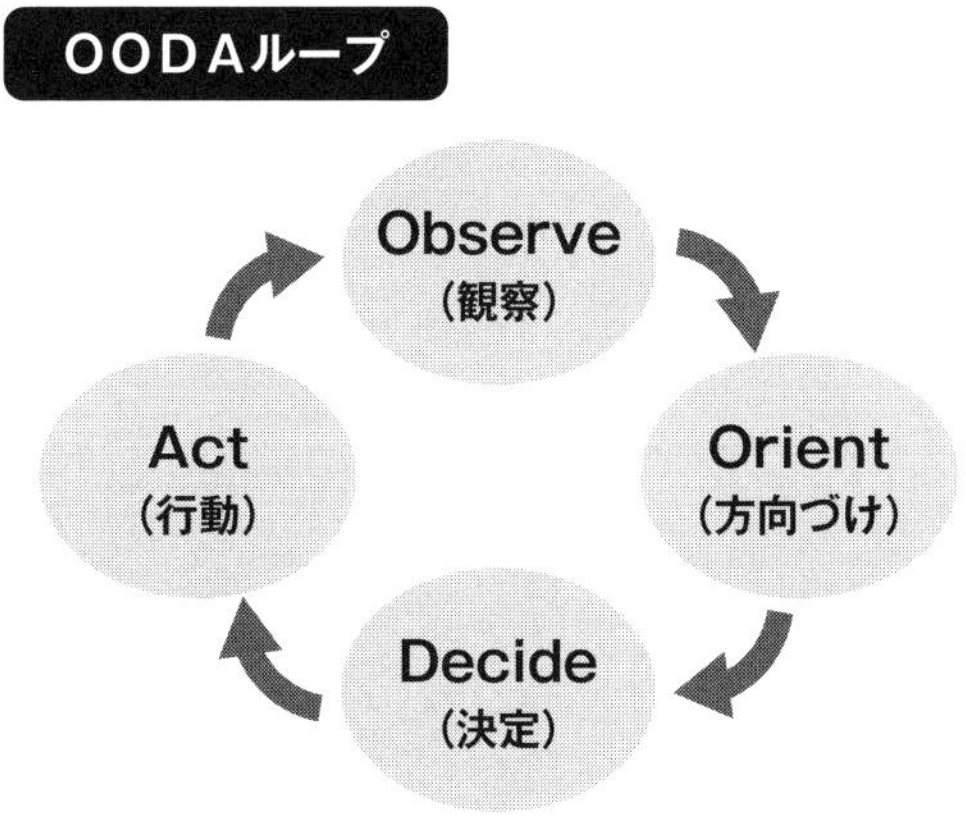

しかし今は、学校を取り巻く状況が刻々と変化しているのです。もともと工業製品の品質管理のために考えられたＰＤＣＡサイクルでは、学校は回らなくなっています。今は、学校を取り巻く状況や様々な関係性が刻々と変化しているのです。年度末に立てた年間計画や月行事の予定に従って教育活動をただこなすのではなく、その実施にあたってはその時々の状況を的確に把握し、改めて学校の使命に立ち戻って考え、当初の計画を柔軟に、いや大胆に変更することがむしろ当たり前である、というくらいの意識をもって教育活動にあたっていかなければなりません。当然、その責任は校長がとるのです。

アンケートで教員の意識を探る

ＯＯＤＡループを念頭に、私は大きな方向性を示し、その方向性を共有しながら教職員一人一人に主体的な判断と実践をうながしてきたように思います。私は全体に対して、方向性を臆面もなく訴えることは得意です。でもその方向性を共有した中で、一人一人の教職員の個性的な取り組みに対しては、面と向かって指導や助言することは苦手でした。私の弱みであり、そのことを自覚していたから余計に、全体での言葉がより強くなっていったのだと思います。

私は前原小に在職した三年間、年度初めには必ず私の人事管理の考え方を教職員に伝えましたが、目標管理なんかでは絶対にありません。経営方針に向かう方向性を共有しさえすれば、基本あとは教職員の判断と実践に委ねることを伝えてきました。ただし個々の判断と実践が方針に対してマイナスのベクトルとなることだけは絶対に認めない、と。

そんな私の学校経営のあり方に、教員はどういう思いを抱いて職務に携わっていたのでしょうか。私は自身の学校経営のあり方と教員の意識との関係（ズレ？）を把握するために、「教員組織所属意識尺度」という心理検査で調べることにしました。

これは組織的で建設的な教員組織づくりのために、先ほど紹介したWEBQU同様、早稲田大学の河村茂雄《かわむらしげお》教授が考案した心理検査です。「自主・向上性」と「同僚・協働性」の二つの尺度で、教員が職場でどういう意識で働いているかをとらえていきます。前者では「自律的に学び教員として成長していこうとする意欲とその行動」を、後者では「教育課題や悩みなどの共有、相互に協力してきた組織的な取り組み」を把握するための質問が十六項目ずつ用意されています。その質問に、教員は自身の意識を１（全くあてはまらない）～５（とてもあてはまる）の段階で回答します。結果は、各教員のそれぞれの尺度の合計ポイントを求めてグラフ上に点で表します。そして、その点の散らばり具合から、学校の教員集団の状況を把握しようとするものです。いわば「教員版Ｑ－Ｕ」と言えるかもしれません。

年一回の授業公開でも、学校は負担が重い

普通に考えれば、ＩＣＴ活用を押しつけられ、プログラミングの授業公開をさせられ、私が目指す新しい学びの創造が教員にとってはノルマと業務荷重となり、「多忙感」と「やらされ感」が積み重なっていることは容易に想像できます。

私が教員になった頃、少なくとも私が所属した学校では、負担となる学校公開など年に一回なんて実施はできませんでした。数年に一度、それが実施できれば管理職は経営手腕を評価されました。

教員組織の7つのパターン

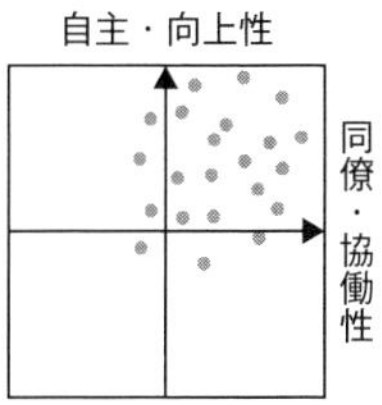

1. 建設的
教員が意欲的で、チームワークが良く、支え合い、学び合いがある。

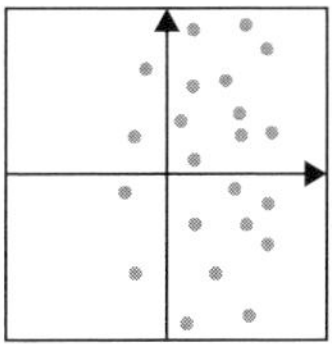

2. 縦型
リーダーの指示のもと組織的に活動しているが、教員にはやらされ感がある。

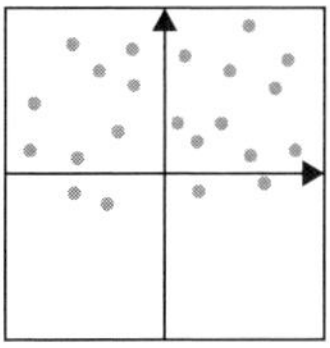

3. 横並び
自主・向上性は高いが、同僚・協働性に温度差がある。全体としての組織化が課題である。

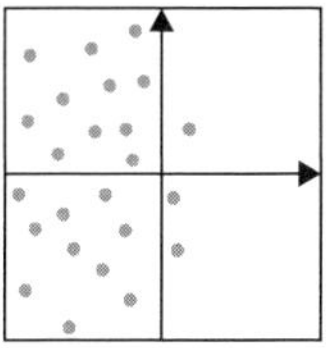

4. 個の独自性が強い
統一感があまりとれておらず、教員は思い思いに活動している。

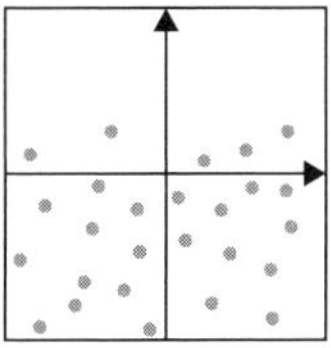

5. 停滞している
全体的な取り組みがしにくく、教員は最低限のノルマをこなしている感じ。

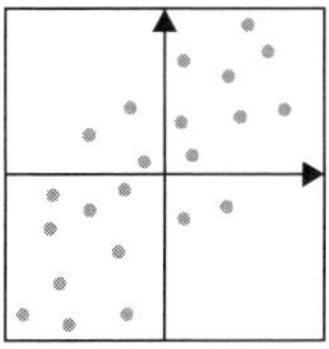

6. 対立がみられる
リーダーの教員の指示に従わない教員もおり、多くの問題が発生している。

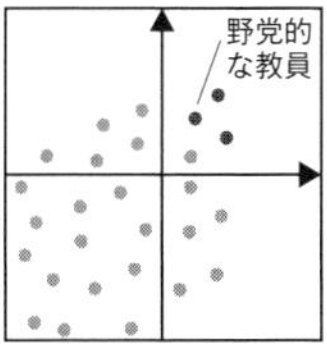

7. 問題を抱えている
正規のリーダーよりも、反抗勢力のリーダーに多くの教員が同調している。

※河村茂雄著『学校管理職が進める教員組織づくり』（図書文化）を引用の上、要約

それに比して、前原小は私が在任中、何回の学校公開を行ってきたのでしょうか。三年間で十二回も行った記録が残っています。そのうち二回は総務省事業の実証モデル校としての公開でしたが、その他はその時々の教育実践の状況や子どもたちの様子を見て、まさにOODAな感覚で公開を行いました。

学校公開一つとってみてもこのような決定をし続けてきましたが、毎回の公開で見せる教員の姿に、彼らの意欲と成長を感じ取ることができたからこそのアンケート実施でした。

まあ、結果が思わしくないものであれば、「なかったことにするか！」などと正直考えたりもしました。

結果のことをいろいろと思ったら中々アンケートは実施できませんが、もう辞職を決めていた私にとっては、自身の経営のあり方を振り返ることができる最後のチャンスです。二〇一九年三月も中旬、河村教授にアンケート実施の許諾を得て、年度末も押し迫った時期にアンケート用紙を配り実施しました。

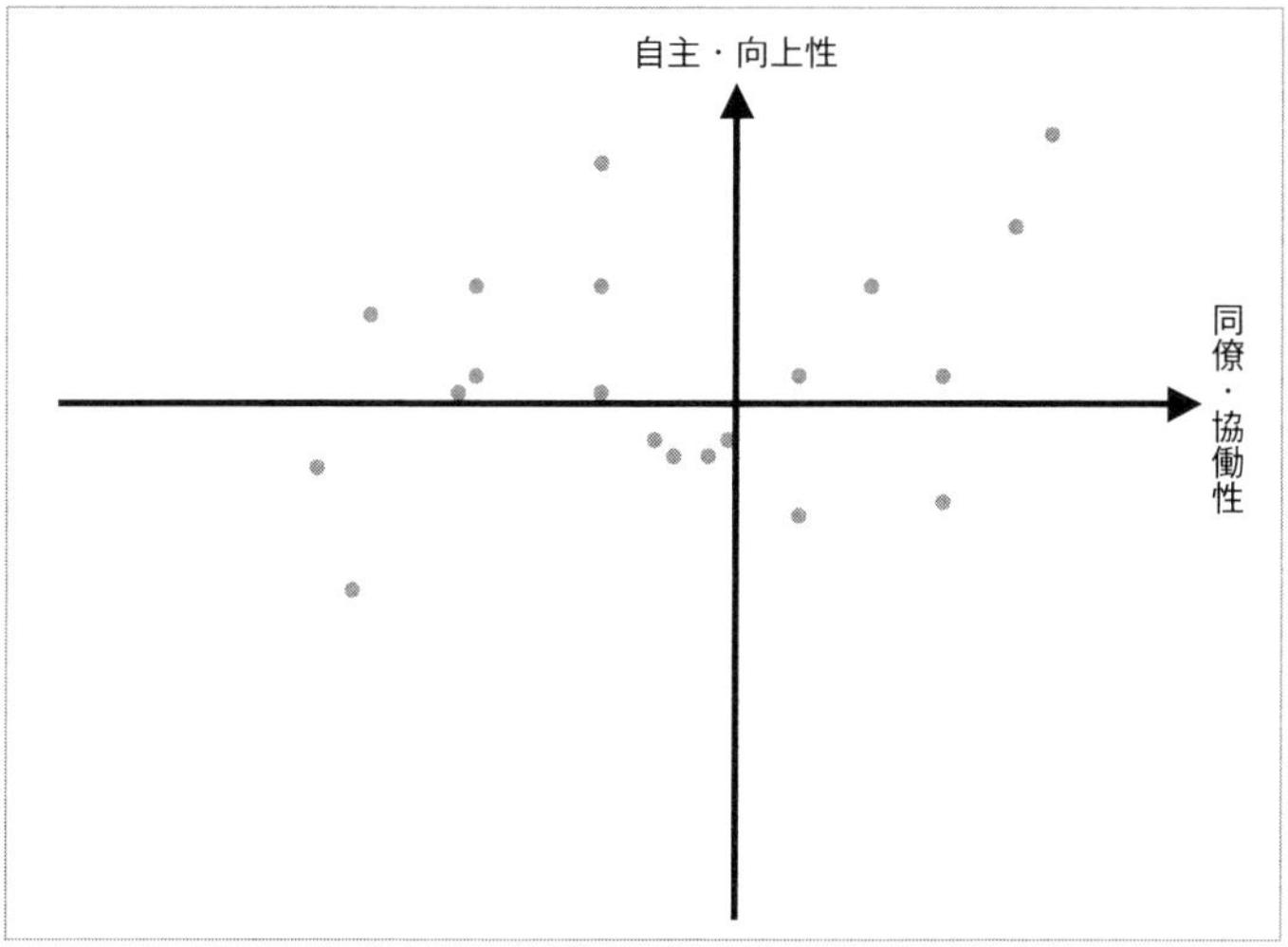

前原小の教員のアンケート結果。「横並び」の教員組織に近い。（筆者提供データを加工）

教員は子どもたち一人一人の成長に関わりたいと願っている

結果、建設的な教員組織の図ではありません。しかし、教員個々の自主・向上性が高いのです。ということは、皆、意欲がある、やる気があるということです。一見「縦型」になる経営ぶりを見せつけていますが、結果は意に反して「横並び」です。

私は、学校経営方針はあくまでも方針であって、組織目標を数値化してその達成を強くは求めませんでした。方針を示す際には、かなりはっきりとそのことを伝達しますので、そのパフォーマンスが全てに行き渡っているような感じを与え、教職員はやらされ感満載かのように思われますが、実は全く違います。私自身の弱みをさらけ出すようで恥ずかしいのですが、個々の教員に向き合って集団をまとめる力が弱いと自覚しています。

私は、教育実践の方向性が教職員で共有できている感じが受け取れれば、それで良しとしていました。甘いと言えば、全く甘い管理です。しかしこのことが、教育実践の方法を無理に統一することなく、教員がそれぞれの個性をもって教育実践を創造できる雰囲気を醸し出していったのです。

一方で、個々人がパフォーマンスを発揮することは、いくつかの問題も生じさせます。特に生活（生徒）指導における学校のルールの統一が時として図れなくなり、学級・学年間でのズレが生じてくることもありました。水平方向にバラつきがあるのは、その表れです。少なくとも学年間の統一を図ることを学年主任にうながしてきましたが、徹底が図れなかった表れでもあります。

しかし管理が弱く、自由な雰囲気があるだけでは自主・向上性は高まらない気がしています。多くの教員の得点が高いのは、自分たちが自身の教育実践に対する手応えを感じ取っているからこその結果ではないでしょうか。

特にICTの活用については、最初は見当もつかず、私からの指示で実践していたのかもしれませんが、多くの公開授業を経て少しずつ子どもの変化に気づき、その方向性の正しさや成果を感じ取っていったのではないでしょうか。

私は基本、教員性善説をとります。

教員は子どもたちのより良い成長に関わりたいと願っている、と信じていますし、子どもが少しずつ変わってきた、委ねる授業のあり方に理解と納得が伴ってきたからこそ、さらにICT活用を工夫し改善を図ろうと考えるようになったのだと思います。

こうした教員の変化をもたらしたのが教育活動におけるICT活用であり、その象徴がプログラミングの授業であったというのは、言いすぎでしょうか。

うまく組織をまとめてくれた養護教諭に感謝

このような私の全く甘い人事管理でも学校が組織として教育活動を推進できたのは、

養護教諭の存在があったからでした。

五十歳代の彼女は様々な経験を経て東京の養護教諭の職に就いたため、職層は教諭です。でも、前原小の教員集団の実質的なリーダーです。一人一人の子どもを丁寧に見取り、真摯に職務を遂行していました。

そんな彼女が時としてバラバラになりがちな教員組織を上手に融和してくれました。学校全体に及ぶ様々な情報を提供してくれるとともに子どもへの献身的な対応、教職員に対するきめ細かな配慮は、学校経営になくてはならない存在でした。特に特別支援に関わる対応をめぐっては、凛《りん》とした信念ある対応が、時としてブレがちな組織的な取り組みの確かな指針となったのです。

彼女が先の教員アンケートで、ＷＥＢＱＵで言えば「満足群」に属する回答をしてくれたことに、校長として安堵したことを今でもはっきりと覚えています。

私は学校管理職として四校を経験していますが、養護教諭の存在に職務を助けられたことがたくさんあります。前原小でもその存在がリーダーの役割を担い、大変だったろうけれど充実感と納得感をもって仕事をしてくれたことには、感謝しかありません。

参考までに、養護教諭はschool nurseではなく、YOGO teacherと英訳されます。それほどまでに日本の養護教諭の職務は多岐にわたり、教育活動を進めるにあたって極めて重要な役割をはたしているのです。

三つの魔法の言葉で、プログラミングの授業は盛り上がる

プログラミングと言うと、自分自身が学んだことがないためにどうやって教えればいいのか、とすぐに不安の声が教員からあがってきます。

しかし逆にそこが一番の強みなのだということを是非わかってもらいたい、と思うのです。決まったやり方がないからこそ、自由に大胆に実践ができるのです。前原小の教員も、プログラミングの授業なんてやったことはありませんでした。それでも実践を続け、子どもが学ぶ姿を目《ま》の当たりにするうちに意識が変わっていったのです。

私は、プログラミングは「現代の砂場遊び」だと思っています。

幼児教育では、砂場遊びの教育的効果は様々に指摘されています。砂をつかんでその感覚を楽しんだり、砂場を様々な世界に見立てたり、そして友だちと共同で作業したり。まさにプログラミングで見せる子どもたちの姿と重なります。でも、砂場遊びを教える人はいません。大人は子どもたちの活動を見守り、委ねます。プログラミングの授業も基本は同じです。

「ロボットを動かしたい」といった思いや願いをもって、面白いと感じながら臨む活動は子どもたちを夢中にします。集中を生み、やり抜く力を育み、協働をうながします。そしてその活動の中には、驚きや発見、感動があります。少し難しく言うと、働きかける対象や自分自身への知的で情緒的な気づきを多くもたらします。

また、それぞれの気づきを共有すれば多様性の尊重につながり、活動を振り返れば、メタ認知となって活動の様子や変化を自分で感じ取り、自己評価できるようになります。ここにやり抜く力や自己調整力を育む場をひらくことができます。まさに新学習指導要領が目指すコンピテンシーベースの学びが成立するのです。

教員がプログラミングができる、できないは関係ありません。むしろできないからこそ、子どもたちと一緒になってトライ&エラーを繰り返していけば良いのです。

「すごい！」

「どうやったの？」

「もう一度見せて！」

プログラミングの授業は、教員のこの三つの言葉で、大いに盛り上がります。まずはプログラミングで思いっきり子どもたちと遊んでください。一緒に試行錯誤《しこうさくご》する中にこそ、子どもたちの素敵な学びの姿があり、Society 5.0 の社会を主体的に生きるコンピテンシーを育む場をひらくことができるのですから。

（注1）On-the-Job Training のことで、日々の業務の中で従業員の教育を行うこと。

（注2）教員が作成する一週間分の授業案のこと。

（注3）異なった学年の子どもたちで班をつくり、様々な活動に取り組むこと。

おわりに――ありがとう、そしてさよなら古い教育

前原《まえはら》小学校には、実に多くの方々が視察に訪れました。

そんな中にあって、全国の校長先生方も多く訪ねてくださいました。校長会の視察でお見えになる他に、直接にアポイントを取ってお一人で来られた校長先生や、平日にもかかわらず所属校の幹部職員と連れ立って来校された校長先生もいました。午前と午後に視察する教員を交代させてまで本校の授業実践をつぶさに観察し、自校の授業改善につなげようとしていました。

また淡路島《あわじしま》の校長先生は、私の在任中最後となった公開研究会に、夜中、高速道路をひた走り朝の一番から参加されました。前日の夜にどうしても外せない会合があって致し方なかったと言っていましたが、走行距離は六〇〇キロメートル以上もあります。

九州の校長先生は、六月の公開授業に教頭先生以下、五名を派遣してきました。金曜日の公開に九州から。その日の授業体制を工夫し、旅費はＰＴＡに話して工面した

とのこと。

全国には野武士のような魅力的な校長先生がたくさんいます。皆、思いがあるからこそ、前原小の実践の事実から、プログラミングの授業方法やＩＣＴの活用にとどまることなく子どもたちが学ぶことの本質を見極めようとし、自校の教育活動の充実と変革を図ろうと食いついてきます。

そんな素敵な校長先生方を野武士に例えるのは失礼かな、とは思いますが、大きな組織に埋没することなく自立して確かな時代認識のもとに、それぞれが野心をもって新しい教育の創造に向けて日々奮闘している姿を野武士に重ねるのはあながちズレてはいないと思っています。多くの方がイメージされる校長像とは全く違って、皆、個性と行動力のある魅力的な校長先生です。

私はこのような方々を校長という職につけた任命権者の見識を素晴らしく思います。時代を鑑みて校長として必要な資質・能力を有する方をちゃんと選考する基準と方法を確立されていて、羨ましい限りです。

さて、今は乱世です。と言うと、ここは戦国時代か、とつっこまれそうです。Society 5.0の新しい時代を切りひらくリーダーを野武士に例えたり、今の時代を乱世と言ったり……。

歴史を例えにするのは、新しい時代を迎えるその前の状況に今が酷似しているからです。幕末の動乱期しかり。その時代に列強各藩は実に様々な動きを見せ、時代を生き、その主体であろうとしました。今も同様に新しい時代の学びをめぐって、様々な思惑がうごめいています。学校現場に埋没していては、そんな動きを感じることはできないでしょう。しかしその動きを感じ取り、情報をいち早くキャッチして時代をつくろうとする魅力的なリーダーが、実はたくさんいるのです。

ですから今は、平時とは違った資質・能力が校長職には求められます。ただでさえ教育課題が高度化し、その最前線で子どもたちに対峙《たいじ》する現場教員の質・量ともに人材不足の中にあって、様々な事案を即断し、実行できる校長のリーダーシップの発揮が求められているのです。そして教育法規は校長にその権限を与えています。権限の行使を自身の判断で責任と覚悟をもって執行できる人材が絶対に必要です。

私は、このような思いと実行力のある校長先生方が各地域のリーダーとなって、前原小での教育実践を手がかりに、それぞれが自校の実態と地域の実情に合わせてさらに充実させ、全国で展開することを願っています。ですから前原小での実践で得た知見を広く開陳する場をひらき、校長先生方と新しい教育を創造していきたいと切望していました。

それが今、RCPというプロジェクトによって夢が実現に向かい始めたのです。

RCPとは「リレーショナル・クラスルーム・プロジェクト」の略で、NTTコミュニケーションズとグーグル、レノボがファンドをつくって、情報端末とネットワーク、そしてコンテンツを提供し、前原小がチャレンジし続け、求めてきた実践を全国展開しようというプロジェクトです。いわば、野武士のネットワークと言ってもいいでしょう。

三十六年間務めた教育公務員の職を辞するにあたって、この三社とのコラボレーションで前原小でのチャレンジを引き続き全国で展開する場がひらけたことは、たまらなく嬉《うれ》しいことでした。

二〇一九年度は全国四地域七校（小学校五校、中学校二校）で実証が始まりました。福岡市、倉敷市、金沢市、福島県の柳津町《やないづまち》です。政令指定都市と中核市、そして山間地域と、それぞれ実情が違う中での取り組みです。そしてここに十月から東京の私立小学校が加わりました。

また、二〇一九年四月から夏にかけて、全国七か所で「新しい学びの Perspective セミナー」と題して、ＲＣＰの魅力と推進の方向性、そして具体を伝えるセミナーを開催しました。

同時に実証校へ訪問して、プロジェクトの詳細をお伝えしてきました。実証のための環境整備はこちらが全部行うと言っても、調整型の校長先生では絶対に即決できない条件もあります。それでもこのプロジェクトが子どもたちのためになると判断すれば、時代を生きるリーダーの決断は速い。訪問した学校の校長先生方は、皆、自身の責任で即決です。普段から自立している証です。

「この先生方と新しい教育実践をつくり出す！」

私が立ち上げた合同会社 MAZDA Incredible Lab は、この実証を通して新しい学びの創造に向かうシンクタンク的存在となることを決意しました。そして二〇一九年度、この実証を成功させて、二〇二〇年度はさらに規模を拡大していこうと野心を抱いています。

この原稿のまさに校正をしている二〇一九年十二月十九日、文科省はＧＩＧＡスクール実現推進本部の設置を公表しました。「学校における高速大容量のネットワーク環境（校内ＬＡＮ）の整備の推進と令和五年度までに義務教育において児童生徒一人ひとりがそれぞれ端末を持ち、十分に活用できる環境の実現を目指す」ことなどが推進事項となっています。

教育振興基本計画によって「学習者用コンピュータを三クラスに一クラス分程度整備」が政府全体の方針として閣議決定されたのが二〇一八年六月ですから、それから一年あまりで、もう次のＩＣＴ環境整備の方針が国から示されたのです。

あまりのスピードの速さに「ついていけない」と音をあげる教育委員会があるかもしれませんが、子どもたちの成長に待ったはかけられません。彼らはＩｏＴど真ん中、

ＡＩ共生社会を生きていくのです。一刻も早くコンピュータリテラシーとインテリジェンスを育むことのできる環境を整備することが、学校の設置者（自治体など）に求められます。

本書に綴《つづ》られた前原小のプログラミングの授業及びＩＣＴをど真ん中においた授業実践、そしてＲＣＰプロジェクトが進める授業実践は、まさにＧＩＧＡスクール構想の具体です。情報端末が一人一台配備され、通信環境が整ったとしても、真にＩＣＴを活用し子どもたちが新しい社会の形成者として必要な資質・能力を育むには、指導者である教員、そして保護者をはじめとする私たち大人の教育観や授業観のパラダイム転換が求められます。本書はそこに向かう絶好のきっかけの書なのです。

二〇一九年四月一日《ついたち》。

新年度が始まるこの日、私は群馬県にいました。前橋法務局に新しく立ち上げる合同会社の設立申請をするためです。この日の朝、新会社の地の前にそびえる妙義山《みょうぎさん》を眺めながら、私は想いを込め、大好きな詩《うた》を心の中で詠《うた》いました。

「雲の如く」
雲の如く　高く
くものごとく　かがやき
雲のごとく　とらわれず

日本のアンデルセンと言われる小川未明《おがわみめい》の詩です。

私が上越教育大学の大学院に在籍していたときに知りました。戦国の武将、上杉謙信の居城であった春日山の中腹に春日山神社があって、その境内《けいだい》にこの詩の碑があります。父親が建立した神社から、未明は上越（高田）の学校へ通っていたのです。

「雲のごとく　とらわれず」

これまでに何度、この詩を詠ってきたでしょう。そしてこれから何度、この詩を詠うのでしょう。

子どもたちの未来に責任をもつ教育の実現と推進に向かう一翼を担っていきたい。

本書はそんな私の「とらわれない」覚悟と勇気の一つの証でもあります。

どうぞこれからの私の言動を見守っていただくとともに、「学校は子どもたちの未来に責任をもつ教育を展開する場」という命題が皆様にとって真であることを願っています。

最後までお読みいただき、本当にありがとうございました。

主な参考文献

ICT教育ニュース『1人1台iPadへ 松田校長の決意と挑戦／多摩市愛和小学校』2014年9月5日

ICT教育ニュース『「Amazingな学びを創ろう」～愛和小学校・松田校長2年半の挑戦～』2016年4月4日

ICT教育ニュース『松田校長 前原小でプログラミング授業を自らスタートさせる』2016年5月27日

ICT教育ニュース『松田校長　プログラミング教育の現場を教師たちに見せつける』2016年6月20日

ICT教育ニュース『「先生から始めよう」 小金井市教委がプログラミング教育研修会』2016年9月5日

ICT教育ニュース『高市総務相、前原小でプログラミングを食べる』2016年9月24日

ICT教育ニュース『ゼロから半年、前原小がプログラミング公開授業を11月26日開催』2016年10月26日

ICT教育ニュース『前原小学校、教師が挑戦するプログラミング授業フルラインナップを公開』2016年11月29日

ICT教育ニュース『松田校長の提案「英語70時間は怖くない」EnglishCentral使ってBL』2017年10月10日

ICT教育ニュース『前原小、「IchigoDake」で1人1500円のIoT&プログラミング学習』2017年11月24日

ICT教育ニュース『松田校長が本音で語った「前原小学校が教育クラウドで成果を上げた理由」』2019年4月1日

ICT教育ニュース『松田先生のICT実践アドバイス「小学生に絶対必要なタイピング力!」』2019年6月24日

河村茂雄『学級集団づくりのゼロ段階』（図書文化）

河村茂雄『学級づくりのためのQ-U入門』（図書文化）

河村茂雄『学校管理職が進める教員組織づくり』（図書文化）

首相官邸『AI戦略2019』

政府広報オンライン『ソサエティ5.0』

政府CIOポータル『政府情報システムにおけるクラウドサービスの利用に係る基本方針』

ハフポスト『「夏休みの宿題はいらない」公立小学校の現役校長が変えたい〝昭和的な〟教育』

文部科学省『新時代の学びを支える先端技術活用推進方策』

文部科学省『小学校プログラミング教育の手引』

文部科学省『小学校学習指導要領（平成29年告示）』

文部科学省『小学校学習指導要領（平成29年告示）解説』

山梨大学教育学部学校教育課程言語教育コース　平成30年度推薦入試（一般推薦）

松田　孝（まつだ・たかし）

東京学芸大学教育学部卒、上越教育大学大学院修士課程修了。東京都公立小学校教諭、指導主事、主任指導主事（狛江市教育委員会指導室長）などを経て、2016年4月、小金井市立前原小学校に着任。全国に先駆けて１人１台の情報端末をど真ん中においた授業実践と、新しい学びのトリガーとしてプログラミングの授業を積極的に推進する。

2019年3月に辞職し、同年4月、合同会社MAZDA Incredible Labを設立。現在は、Society 5.0の新しい学びの実現を目指すシンクタンクの代表として奔走中。

また、2018年4月からは早稲田大学大学院教育学研究科博士後期課程にも在籍。教育心理学の知見をもとに、ICTを積極的に活用した学級集団づくりの新しいアプローチとその有効性をめぐって研究活動を進めている。

■著者ウェブサイト
https://mazda-lab.co.jp

普通の公立小学校から見えたＡＩ時代の学び
学校を変えた最強のプログラミング教育

2020年2月29日　初版第１刷発行
2020年4月15日　第２版第１刷発行

著　者　松田孝

発行人　志村直人

発行所　株式会社くもん出版
〒108-8617　東京都港区高輪4-10-18　京急第１ビル13F
電話　代　表　03（6836）0301
　　　編集部　03（6836）0317
　　　営業部　03（6836）0305
ホームページ　https://www.kumonshuppan.com/

装幀　井上新八
校正・校閲　株式会社鷗来堂
本文デザイン・組版・イラスト図版作成　株式会社デジカル

印刷・製本　凸版印刷株式会社

ISBN 978-4-7743-3036-5